Reinhold Messner
Rettet die Alpen

SERIE PIPER

Zu diesem Buch

Jahrtausendelang hat sich der Mensch die Alpen nutzbar gemacht, Wiesen und Wälder bewirtschaftet und Tiere auf die Almen getrieben. Als die ersten Wanderer und Sommerfrischler die Naturschönheit der Alpen entdeckten, ahnte niemand, daß dies der Beginn des alpinen Massentourismus sein würde. Heute sind die Alpen ein einziger Riesenspielplatz mit Parkplätzen, geteerten Straßen, breiten Trampelpfaden und kahlen Hängen. Skifahrer und Snowboarder erwarten perfekte Pisten, Loipen und Lifte, Freizeitkletterer und Wanderer rechnen mit einer allgegenwärtigen Bergwacht. Seit Jahren setzt sich Reinhold Messner für einen vernünftigeren und umweltverträglichen Umgang mit der einzigartigen alpinen Bergwelt ein. Eindringlich zeigt er, wie man die Alpen retten kann, denn nur wenn der einzelne sein Verhalten ändert, können wir unser Bergsteigen morgen verantworten.

Reinhold Messner, geboren 1944 in Villnöß/Südtirol, gilt als der berühmteste Bergsteiger und Abenteurer unserer Zeit. Er hat etwa hundert Erstbesteigungen durchgeführt, alle vierzehn Achttausender bestiegen und zu Fuß die Antarktis und Grönland, Tibet und die Wüste Takla Makan durchquert. Ihm gelang es, die Yeti-Frage zu beantworten und als Quereinsteiger EU-Abgeordneter zu werden. Zahlreiche Veröffentlichungen und Dokumentarfilme.
Weiteres zum Autor: www.reinhold-messner.de

Reinhold Messner
Rettet die Alpen

Berg Heil – heile Berge?

Mit einem farbigen Bildteil

27.11.2002

Piper München Zürich

Von Reinhold Messner liegen in der Serie Piper außerdem vor:
Die Option (Hrsg., 2133)
13 Spiegel meiner Seele (2646)
Mallorys zweiter Tod (3300)
Die Freiheit, aufzubrechen, wohin ich will (3336)

Im Textteil ungekürzte Taschenbuchausgabe
April 2002

Erstausgabe: BLV Verlagsgesellschaft mbH, München 1997
Umschlag/Bildredaktion: Büro Hamburg
Isabel Bünermann, Julia Martinez, Charlotte Wippermann
Foto Umschlagvorderseite: Reinhold Messner
Foto Umschlagrückseite: Peter von Felbert
Satz: G. Pfeifer Verlagsservice, Germering
Druck und Bindung: Clausen & Bosse, Leck
Printed in Germany ISBN 3-492-23557-3

www.piper.de

Inhalt

Nicht »Berg Heil«, »Heile Berge« sei unser Gruß

Mit dem »Berg Heil« hatte ich von Anfang an meine Probleme. Seit ich als Kind in den Dolomiten herumsteige, sträubt sich etwas in mir, wenn ich mit »Berg Heil« begrüßt werde. In Südtirol erwidere ich vielleicht mit einem »Grüß Gott«, in Nepal mit »Namasté« (»Gruß an das Göttliche im Gegenüber«), in Tibet mit »Tashi delek« (»Glück und Frieden«). Obwohl nicht eindeutig feststeht, welche Werte mit dem altehrwürdigen »Berg Heil« verbunden sind, kann ich mich nicht mit all den Klischees identifizieren, mit denen sich jene Berg-Heil-Gesellschaft als eine Art Adel schmückt.

Vor 25 Jahren stellte ich das Hinaufsteigen als Gegenpol zum Untensein dar und war einmal all den Idealen verpflichtet, die das Bergsteigen ausfüllten. Hier die Berge – dort die Stadt. Hier Freiheit, Weite, Stille – dort Begrenzung, Enge, Lärm. Schwarzweißmalerei.

»Unsere Welt ist programmiert, berechnet sind alle Möglichkeiten des kommenden Tages«, schrieb ich damals. »Für jedes Risiko ist man versichert. Gewißheit, daß alles nur so und nicht anders verlaufen kann – ich ertrage sie nicht. Ich bin Techniker und habe nichts gegen Eisenbeton, nichts gegen Asphaltstraßen und hohe Gerüste im Dienste der Menschen. Doch Mensch bin ich dort, wo die Welt ist, wie sie immer war.«

Inzwischen bin ich Realist genug, um zu erkennen, daß sich die Stadtkultur ins Gebirge ausbreitet, immer weiter hinauf, immer weiter hinein. Geheilt von den vielen romantischen Vorstellungen, die das Bergsteigen fast zwei Jahrhunderte lang geprägt haben, verfolge ich zwar immer noch meine Ideen, eine idealistische Geisteshaltung aber trägt mich nicht, sowenig wie mich die Kritik jener Fundamentalisten beschämt, die aus der Perspektive des Stubenhockers das Leben selbst verhindern möchten. Meine Pläne, die ich hatte, sind realisiert. Und für die Pläne, die ich nicht hatte, reichen Energie und Zeit auch im Alter. Nein, ich bin nicht müde geworden, nur Pragmatiker.

Die einzigen Berge, auf die zu steigen sich lohnt, sind heile Berge.

Meine Werte Charta Berge, Europa

Die Bergregionen Europas (Höhenlagen über 500 Meter: Alpen, Apenninen, Pyrenäen, Sierra Nevada, Karpaten sowie britische, französische, italienische, belgische, deutsche, schweizerische, österreichische, tschechische, slowakische, spanische, portugiesische Mittelgebirge, skandinavische Gebirge, dinarisches Gebirge, griechische und bulgarische Gebirge) haben neben ihrem Klima, ihrer geographischen Vielfalt und ihrem Erholungswert auch ähnliche sozialökonomische Strukturen, die sie zu einem verbindenden Element der EU machen.

Ihre Bedeutung für die jetzige und eine erweiterte EU liegt nicht nur in den gemeinsamen Problemen, sondern auch in den Werten, die sie verbindet: Wasserspeicher und Wasserkraft; Ökosystem und Artenvielfalt; Ruhezone und Erholungsraum; Stille und Raum der Phantasie; kulturelle Identität und Vielfalt, landwirtschaftliche Ressourcen (traditionelle Haustierrassen und Nutzpflanzensorten).

Die Berggebiete machen ein Drittel der Fläche der EU aus, und die Herausforderungen vor Ort sowie die entsprechenden Lösungen gleichen sich. Nur mit einem länderübergreifenden Konzept, das dem Anspruch der Nachhaltigkeit sowie der Arbeitsplatzsicherung gerecht wird, können jene Werte verteidigt werden, die der lokalen Bevölkerung ein Auskommen und den Städtern eine Erholungsmöglichkeit in ihrer Freizeit in diesen Bergregionen garantieren. Es geht dabei um den Erhalt der Berggebiete als Lebensraum.

Der Wertekatalog Berg – zum Jahr der Berge 2002 diskutiert – soll Anregung sein, in der EU Rahmenbedingungen zu schaffen, die allen Berggebieten zu ihrer wahren Bedeutung verhelfen.

1. Die Berggebiete in Europa sind als Summe von kleinräumiger Kulturlandschaft – durch Jahrtausende von Menschenhand gestaltet und gepflegt – und zum Teil erhabener Hochgebirgslandschaft ein einmaliger, nicht teilbarer Wert.

2. Gepflegte Kulturlandschaft in diesen Berggebieten kommt allen Europäern zugute. Geht es dabei doch um Gewässerschutz, Erholungsraum, Produktion gesunder und hochwertiger Nahrungsmittel, grüne Lunge aller gebirgsnahen Ballungszentren im besonderen und der EU als Ganzem.

3. Die für die Landschaftspflege notwendige und unverzichtbare Bearbeitung der Kulturlandschaft setzt eine verantwortungsvolle Bevölkerung mit der Möglichkeit der lokalen, eigenverantwortlichen Gestaltung ihres Lebensraumes voraus.

4. Die Hochgebirgsregionen hingegen – die Zonen über der Waldgrenze (erst seit der modernen Erschließung für den Tourismus genutzt) – beinhalten Werte wie Weite, unverbaute Landschaft, Stille und Erhabenheit. Auch Gefahr.

5. Diese Werte, obwohl vordergründig unnütz, gilt es zu schützen, und zwar nicht nur, weil es in der EU einen immer größeren Mangel daran gibt. Die Hochgebirgswelt als Erfahrungsraum, der mit weiteren Infrastrukturen unabdingbar verloren wäre, muß un-

verändert bleiben. Erschließungsstop in den Hochgebirgsregionen ist Pflicht.

6. Ein Vordringen in diese Hochgebirgsregionen ist weder mit Infrastrukturen noch mit moderner Technologie zu erleichtern. Wer in Eigenverantwortung und ohne bleibende Spuren zu hinterlassen ins Hochgebirge geht, lernt rasch, die »Urnatur« als Wert zu respektieren, und verteidigt diesen Gefahrenraum.

7. Nur eine dezentrale Besiedlung und eine dezentrale nachhaltige Nutzung der Berggebiete unter der Waldgrenze sichern die Wegbarkeit/Durchgängigkeit/Erreichbarkeit/Zugänglichkeit dieser Räume, die die Grundlage für das Bleiben, die Erholung und Naturerfahrung ist. Um umgekehrt der Bergbevölkerung eine hohe Lebensqualität zu erhalten, sind Transitstrecken so zu gestalten, daß Lärm- und Umweltbelastungen aller Art minimal bleiben.

8. Ich, Reinhold Messner, sehe in der Verzahnung lokaler Lebensart, der gepflegten Kulturlandschaft und der von Infrastrukturen freien Naturlandschaft den Schlüssel zum Schutz ihrer Berggebiete. Nur so sind diese Berggebiete langfristig auch touristisch nutzbar. Ökolandwirtschaft und Tourismus in der Summe sind ein Schlüssel für eine nachhaltige Entwicklung vor Ort. Großräumige Zusammenarbeit der Berggebiete in der EU soll gefördert und größtmögliche Selbstverwaltung im Gemeinschaftsrecht festgeschrieben werden.

9. Regionales Kulturgut, intakte Kulturlandschaft und die einmalige Gebirgslandschaft nur garantieren jene Nachhaltigkeit auch des Selbstverständnisses der Bergbevölkerung, die sich mit ihrem Raum identifizieren soll.

10. Bergregionen und Ballungszentren brauchen einander. Die Berggebiete müssen also mit Hilfe der Ballungszentren und Ebenen in einem Gleichgewicht gehalten werden, die das Tiefland vor Katastrophen schützt und den Menschen in den Berggebieten ein Auskommen sichert. Die EU hat in ihrem »Europäischen Raumentwicklungskonzept/EUREKA« (European Spatial Development Perspective/ESDP von 1999) festgelegt, daß eine nachhaltige Entwicklung Europas eine »räumlich ausgewogene« Siedlungs- und Wirtschaftsstruktur erfordert. Da es negativ wäre, wenn die Berggebiete sich (weiter) entvölkerten und die Stadtregionen weiter stark anwüchsen, ergreift sie Maßnahmen, um eine solche Entwicklung zu verhindern.

Die allermeisten Berggebiete außerhalb Europas – meist weit weg von den Ballungsräumen – haben aufgrund ihrer Lage und der sozioökonomischen Verhältnisse der lokalen Bevölkerung andere Probleme als die Bergregionen in Europa. Die Lösungsansätze für eine nachhaltige Entwicklung können also nur in den seltensten Fällen von europäischen Modellen übernommen werden.

Berg Heil

Dem Skifahrer und Snowboarder von heute ist wichtig, daß Schnee liegt. Er will irgendwo runterfahren, seinen Spaß haben. Lawinengefahr bekümmert ihn wenig, Gletscherspalten müssen markiert sein. Wozu gibt es Lawinenwarnung, Pistendienst, Verbotsschilder? »Ski Heil!«

Die Kletterer verlassen sich auf die eingebohrten Sicherungshaken, die Alpinisten auf den Wetterbericht, die Eisgeher auf vier Geräte – und sie alle im Notfall auf das Handy im Rucksack, mit dem der Rettungshubschrauber gerufen werden kann. Aus jeder Wand, Schlucht, von jeder Graterhebung der Alpen: »Berg Heil!« Als wären Felsen, Schneehänge, Eisflanken nicht viel mehr als Klettergerüste, wird auf mehr oder weniger schiefen Ebenen »Fit for fun« gespielt. Die Landschaft dahinter und die Natur drum herum wird als Kulisse empfunden, schön vielleicht aus der Distanz, aber nicht mehr Freizeitbereich.

Im Gebirge dominieren inzwischen modisch geprägte Aktivsportarten, und diese werden immer weniger umweltverträglich gestaltet, weil der Naturbezug schrumpft. Natur wird vielfach nur noch als Attrappe erlebt. Wie in den Ballungszentren schafft sich der Mensch auch im Gebirge eine »zweite Natur«, in der erst die vorbereitete Piste, eine abgesicherte Route, markierte Steige, Hütten, Rettungshubschrauber die

Was motiviert Tausende Skibergsteiger auf der berühmten Walliser Haute Route, zwischen den beiden höchsten Bergen der Alpen, eine Woche lang in überfüllten Hütten zu übernachten, in riesigen Gruppen über Gletscher, Eispässe und Schneegipfel zu marschieren? Daß die Route sehr berühmt ist und die Identifikation mit alpinistischer Leistung nur auf der Originalstrecke gegeben ist! Ein paar Kilometer südlich oder nördlich der Route ist – noch – die große Einsamkeit zu Hause.
Horst Schindlbacher

Voraussetzung sind für sein »Freizeitvergnügen«. Allerorts Dienstleistung und die totale Beherrschbarkeit der Natur setzt er voraus.

Viele Aktivitäten im Gebirge sind heute also nicht viel mehr als Nervenkitzel und Körperkult. Dabei repräsentieren die durchtrainierten Mountainbiker, die sportlich braun gebrannten Freeclimberinnen, die willensstarken Durchhaltetypen den Leistungsdruck einer Dienstleistungsgesellschaft, der wir »mit Seil und Haken« entgangen zu sein glaubten.

Das Individuum wird in der eigenen Lebenswelt immer fremder und heimatlos.
Werner Bätzing

Im Gegensatz zur »notwendigen« Auseinandersetzung des Menschen mit der Natur im Arbeitsprozeß bliebe im Freizeitbereich eine »mögliche« und spielerische Aktivität als Balance zwischen Kopf und Körper, Geist und Natur, wenn wir wirklich in die Berge gingen. Bergsteigen als Hilfsmittel, um vergessene und verdrängte Instinkte zu sensibilisieren, setzt aber nicht nur wenig erschlossene Berge voraus, sondern auch Aktive, die den Sinn des Lebens nicht ausschließlich aus dem Bergsteigen beziehen. Wo Natur zur Kompensation emotionaler Defizite in unserer Gesellschaft gebraucht wird, steht das »Berg Heil« für Sinnersatz in einer anonymen Alltags- und Arbeitswelt, und der Weg zum Berg wird zur Flucht aus der Stadt.

Mit der Natur ist es wie mit der Ruhe: Man träumt von ihr, man spricht von ihr, aber in strikter Form mögen die meisten sie nicht.
Wolf Schneider

Die Bilder, die wir dabei vor Augen haben – »Natur« aus Fernsehen, Werbung, Wissenschaft –, führen uns wie eine Spirale aus einem immer sterileren Leben in eine immer künstlichere Freizeitwelt. Wir alle sind überfordert, wenn wir unsere Defizite aus dem Alltag im Gebirge kompensieren wollen. Wer Streß, Hektik und Leistungsdruck aus dem Alltag in die Bergwelt überträgt, hat für Selbstverwirklichung weder Zeit noch Raum.

Aber auch wir Bergsteiger sind, ob wir wollen oder nicht, für eine Zukunft bestimmt, die immer neu und unterschiedlich sein wird. Mein »Berg Heil« zielt dabei auf ein Verhalten, das heile Akteure und heile Berge hinterläßt.

Zurück in die Berge

Bergsteiger und Wanderer können nicht stillsitzen, die Ebene oder Stube ist ihre Sache nicht. Ob sie bei ihrem Tun nun geil auf Angst sind oder wild auf Glück – sie müssen hinaus, hinauf, und es werden immer mehr. Das Korrektiv »Verzicht« steht also nicht in Aussicht.

Wer nicht wandert oder klettert, schwebt am Gleitschirm vom Gipfel, radelt zwischen Wald und Kar oder läßt sich im Schlauchboot von reißenden Bergflüssen durchschütteln. Eine Generation, die Armut, Hunger und Kälte nie selbst erlebt hat, ist vor allem im Gebirge auf der Suche nach dem letzten Kick. Als wären Drogen out, gehen immer mehr Adrenalin-Freaks im Gebirge auf die Suche nach Glückseligkeit: beim Freeclimbing, Schluchting, Hiking, Biking. Bei diesen Hits des Gebirgstourismus zählt mehr die Mutprobe als ein tagelanges Eintauchen in Raum, Gefahr, Anstrengung, Zweifel und Glück. Diese Erlebnissportler mit Airbag, TÜV-

Wird mit dem Alltagsinstrument des Mobiltelefons aber nicht in einer nie dagewesenen Weise genau jene Alltagsvorstellung von Sicherheit in die Alpen getragen, die sich in den Bergen immer wieder als tödlich erweist? Ist nicht gerade diese gedankliche ›Normalisierung‹ des Hochgebirges das Problem: die Tatsache, daß man die Alpen für einen rundum gesicherten Freizeitpark zu halten beginnt, in dem man sich sorglos bewegen kann?
Gerhard Fitzthum

Stempel und Handy suchen am Rande der Wildnis jenes Restrisiko zwischen Sicherheitsgefühl und Nervenkitzel, das beherrschbar scheint.

Mein »Zurück in die Berge« – die Kunst des Überlebens in wirklicher Gefahr, das Wiedererwachen der Naturinstinkte, der Weg zurück zu den persönlichen Wurzeln – setzt die Wildnis als Medium voraus, das »Fit for fun« eine präparierte »Natur«, präpariert für das Risikospiel gelangweilter Städter. Erlebnis und Sicherheit werden darin gegen Geld getauscht – bis zur Spitze des Mount Everest. Nichts hat in der Tourismusindustrie mehr Konjunktur als das teure Erlebnis, das in Minutenschnelle »das Leben verändert«.

Gesteigertes Selbstwertgefühl, Lust, Prestige sind offensichtlich auch ohne Eigenverantwortung, ohne viel Anstrengung, fast ohne Risiko zu haben, und so wachsen die gewerblichen »Risikospielplätze« immer weiter ins Gebirge hinein: markierte Wege, Klettergebiete mit Parkplatz, präparierte Felswände bis unter den Himmel. Über das D-Netz des digitalen Mobilfunks verbunden mit dem Rest der Welt, suchen Millionen das ultimative Glück in einer Welt, die greifbar und virtuell zugleich ist. Nein, der Alpinismus ist nicht tot. Nie war eine junge Generation von Natursportlern so gut vorbereitet. Nie gab es so viele. Nie mehr Möglichkeiten. Was weniger wird, ist der Raum, die Wildnis, die Ruhe. Und auch diese gilt es zu schützen. Nicht nur die Akteure. Um immer bessere Felskletterer vor dem Absturz zu sichern, werden immer neue Wände mit Bohrhaken gespickt. Um immer verrücktere Snowboarder und

Die Alpen macht man zum verlockenden Eldorado für Snowboarder, Variantenfahrer, Jeep-Piloten und Mountainbiker, Gleitschirmflieger und andere Sportarten, die eine motorisierte Anreise voraussetzen.
Thomas Goppel

Skifahrer vor Lawinen zu schützen, lassen Fremdenverkehrsmanager ganze Skigebiete in den Alpen mit Stahlverhau verwüsten. Bergflanken werden mit Armeekanonen beschossen, Gletscherflächen regelmäßig überflogen, um Gefahrenzonen zu erkennen und auszuzäunen.

Damit der Tourismus nicht versiegt, wird allerorts aufgerüstet: mit neuen Erschließungswegen, Seilbahnen, Pistenschneisen, Lawinenverbauungen, Sicherungsketten, Hubschrauberstaffeln. Schneeforscher und Sicherheitskreise haben Hochkonjunktur. Leider auch die Bergrettungsdienste. Denn auch die Unfälle nehmen mit der steigenden Zahl der Fun-Süchtigen zu, die jene Gefahr ignorieren, die im Gebirge rasch zum Tod führen kann. Tote aber sind nicht gut für das Image. Also muß mehr für die Sicherheit der Gäste getan werden, sagen sich die Tourismuspromotoren.

Ist so der Fun-Park Alpen noch zu verhindern?

Er muß verhindert werden! Denn nur wenn wir die Alpen retten, haben die anderen großen Gebirge eine Chance.

Wertzuwachs durch Reduktion

Der Versuch, die Umwelt durch Verzicht zu retten, ist wenig aussichtsreich.
Franz Josef Radermacher

Seit mehr als achttausend Jahren prägt der Mensch die Alpenregion. Eine grundlegende Umgestaltung des natürlichen Ökosystems durch den Menschen ist allerdings erst seit dem Mittelalter festzustellen, Die durch hohe Instabilität geprägte Naturlandschaft wurde nach und nach in eine stabilere Kulturlandschaft umgewandelt, was den Aufenthalt einer größeren Zahl von Menschen im Alpenraum möglich machte. Trotzdem blieben Lawinen- und Unwetterkatastrophen nicht aus.

Erst im 20. Jahrhundert begann der Mensch sein Wissen um Siedlungsplätze und Gefahrenräume wieder zu vergessen. Die Alpenregion wandelte sich rasch von einer Agrar- zu einer Erholungslandschaft, und sie wird weiter in dieser Richtung umgestaltet. Die Anfänge des modernen Fremdenverkehrs in den Alpen – nach dem Heil- und Bädertourismus in der Römerzeit und den Wallfahrern im Mittelalter – liefen parallel zur Erschließung des Hochgebirges ab. Am Ende des 19. Jahrhunderts begann mit dem Bau der alpenquerenden Bahnlinien der Erholungs- und Reiseverkehr größeren Stils. Nach dem Ersten Weltkrieg wurde dann der Skisport populär, und es entwickelten sich die ersten Wintersportzentren mit großen Hotels und Steighilfen. Im 20. Jahrhundert wurde in den Alpen neben Industrie und Wasserkraftnutzung der Tourismus weiter ausgebaut. Wo bis vor fünfzig Jahren land- und forstwirtschaftliche Nutzungsformen vorherrschten, finden wir heute Tourismusbetriebe oder Brachland. Wo teilweise Bergbau betrieben wurde, gibt es heute entweder Industrie oder gar nichts mehr.

Die Zeit unmittelbar vor dem eigentlichen Bau der Eisenbahn über die Alpen (Brenner-Bahn 1867) und dem Beginn des Belle-Époque-Tourismus (ab 1880) ist die allerletzte Phase des Agrarzeitalters im Alpenraum ... und stellt eine pragmatische Möglichkeit dar, die vorindustrielle Alpenbevölkerung zu erfassen und damit einen sehr groben Eindruck von der traditionellen ›Tragfähigkeit‹ der Alpen im Agrarzeitalter zu gewinnen.
Werner Bätzing

Mit dem Massentourismus nach dem Zweiten Weltkrieg wurde die systematische Erschließung der Fremdenverkehrsorte mit touristischen Infrastrukturen wie Seilbahnen, Liftanlagen oder Skikarussells eingeleitet. In sehr kurzer Zeit vollzog sich jener grundlegende Wandel von einem Agrar- zu einem Erholungsraum, der ausgesparte Gebiete verarmen und erfolgreiche Regionen verstädtern ließ.

Heute wohnen und arbeiten 12 Millionen Menschen im Alpenraum. 80 Millionen Urlauber reisen neben Wochenendausflüglern und Tagesgästen in den Ferien in die Alpen (500 Millionen Übernachtungen im Jahr, davon 300 Millionen im Winterhalbjahr). Der Tourismus ist heute der wichtigste Wirtschaftszweig und damit Garant für Wohlstand in den ehemals armen Regionen zwischen Poebene im Süden und Alpenvorland im Norden. Die Alpen bedeuten für Mitteleuropa aber viel mehr als Erholungsraum. Neben dem Wattenmeer sind sie das einzige relativ intakte Großökosystem, viele gefährdete Pflanzen- und Tierarten fanden hier ihr letztes Rückzugsgebiet. Dazu ist der Alpenraum das Trinkwasserreservoir für alle am Alpenrand liegenden Städte wie München, Wien, Mailand, Turin.

Das Bild der Alpen – ein ländlicher Raum mit Touristen – stimmt nicht mehr. Die Alpen durchlaufen eine gegensätzliche Entwicklung: auf der einen Seite die Verstädterung des Alpenraumes und auf der anderen Seite die Verödung, die totale Siedlungsaufgabe.
Werner Bätzing

Nun fliehen aber gerade aus dieser großstädtischen Anonymität Millionen und Abermillionen in die »heile Welt« der Alpen und provozieren mit ihrem massenhaften Ansturm wieder jene Hektik und Enge, der sie eben erst entfliehen wollten.

Ich weiß, all diese Luft-, Weite-, Ruhe- und Erholungshungrigen sind *für* eine saubere Umwelt – sie sehen nur nicht die Kluft zwischen Anspruch und Realität. Die vielen Städter befriedigen im Gebirge ihren Bewegungsdrang und reisen wieder ab – meist zufrieden, selten mit moralischer Entrüstung über den Niedergang der Alpen. Die als Ausgleich zum Streß der modernen Leistungsgesellschaft allerorts angebotenen Abenteuer- und Erlebnissportarten möchten sie weiterhin exklusiv für sich haben. Da steigende Einkommen bei sinkender Arbeitszeit und gleichzeitig höherer Mobilität häufigere und weitere Reisen ermöglichen, hetzen sie immer öfter und schneller dem »letzten Kick« hinterher, »der nur noch ihnen gehört«. Ob dem Fremdenverkehr in den Alpen Zuwachsraten zu wünschen sind? Bis er kollabiert? Nein, denn auch Energieversorger reklamieren ihre steigenden Ansprüche, dem folgt der Ausbau der Wasserkraftnutzung, dann der Transit, schließlich Industrie und Gewerbe, die aufgrund von Standortnachteilen gegenüber der Ebene aufrüsten müssen, um mitzuhalten. Das Problem Wirtschaftsstandort Alpen und Umweltschutz wird immer komplexer. Gefahren lauern überall. Das richtige Konzept zur Rettung der Alpen aber gibt es ebensowenig wie die kaputten Alpen, die Besserwisser in ihren Großstädten an grünen Tischen ausgemacht haben.

Vielfach wird Natur- und Umweltschutz des Alpenvereins mit Müllvermeidung, Solartechnik, Windkraftwerken und gut funktionierenden Kläranlagen auf Alpenvereinshütten in Verbindung gebracht.
Heinz Röhle

Daß Tourismus und Ökologie, Industrie und Verkehr, Einheimische und Fremde, Energie-, Land- und Forstwirtschaft miteinander konkurrieren, ist verständlich, muß aber nicht immer zu Lasten der ökologischen Stabilität gehen. Wenn wir Widersprüche erkennen, abwägen und abbauen, haben wir in den Alpen eine Zukunft. Die langfristige Sicherung der Alpen als hochwertiger Lebensraum muß unser Ziel sein, und wenn wir damit aufhören, unsere Nachbarn ökologisch zu belehren, und selbst etwas tun, hat die Zukunft begonnen.

Es reicht nicht, nur punktuell bedrohte Pflanzen- und Tierarten zu schützen oder typische Landschaften in ihrer Ursprünglichkeit als touristische Attraktion zu bewahren. Die Alpenbevölkerung will und soll nicht in einer Art Zoo leben. Sie wird lernen, ihre Ressourcen nur in dem Maße zu nutzen, daß sie auch künftigen Generationen in gleicher Menge und Qualität zur Verfügung stehen. Wir dürfen nur von den Zinsen, nicht vom Verbrauch der Alpenlandschaft leben. Schlagwortartig ausgedrückt: Nur im Einklang von Ökologie, Kultur und Ökonomie sind die Alpen etwas wert.

Die Untrennbarkeit von alpiner Natur- und Kulturlandschaft ist für mich dabei fundamental. Abgesehen davon dürfen wir aber nicht nur Verhinderer sein, Neinsager, Abwürger. Wir dürfen den Wandel zum gestaltenden Naturschutz wagen und dabei aus hundertjähriger Erfahrung schöpfen. Der Deutsche und Österreichische Alpenverein sowie viele lokale Umweltschutzorganisationen haben dies erkannt und in den vergangenen Jahren wesentlich zu einer Neuorientierung beigetragen. So sind viele Alternativen zur künftigen Entwicklung angeboten worden, und weitere werden folgen.

Meine Vorstellungen zum umwelt- und sozialverträglichen Verhalten und damit zum Schutz des Alpenraumes lege ich hier vor. Weil ich weiß, daß mir Glaubwürdigkeit zu diesem Thema abgesprochen wird, ist mein »Rettet die Alpen!« die Bitte eines aktiven Bergsteigers, der die Ballungszentren kennt und selbst in den Bergen lebt. Weil Umweltprobleme nicht lokal oder regional begrenzt gelöst werden können, schlage ich den Bogen weit über Europa hinaus. Auch weil ich weiß, daß wir die

Das pointierte Bild der Alpenbewohner, die auf den Gipfeln eifersüchtig jedes Edelweiß bewachen, während sich durch die Täler die Verkehrslawine wälzt, kann jedenfalls nicht der Weisheit letzter Schluß sein. So ist der Verkehr inneralpin für den Löwenanteil der Luftbelastungen verantwortlich.
Stephan Ortner/ Reinhard Gschöpf

»Berge der Welt« nur retten können, wenn wir die Alpen retten. Mit Nutzung und Bewahrung der Alpen sind wir Vorreiter für alle anderen Gebirge der Erde. Hier wie dort führen nur großräumige, länderübergreifende Ansätze zum Erfolg. Und die Hauptblockaden stecken in unseren Köpfen. Zuerst muß die verlorengegangene Bindung zur Natur wiederbelebt werden – in unserem Empfinden, in unseren Instinkten.

Wer die Umweltprobleme unserer Zeit ernsthaft angehen will, muß nicht nur vernetzt denken und handeln, er muß vor allem die vielen Städter kennen, die europaweit fast nur noch die Alpen als letzten großen Erholungsraum haben. Das Potential der Alpen liegt vor allem darin, daß sie alles bergen, was der Stadtmensch morgen braucht.

Während beim Sportklettern wie im Wirtschaftsleben oder in der Stadt das vorrangige Ziel darin liegt, unter Begrenzung jeden Gefahrenpotentials die größtmögliche Leistung zu erbringen, geht es beim Bergsteigen vorrangig darum, die Schwierigkeiten des natürlichen Berggeländes nur anhand jener Schutzmöglichkeiten zu überwinden, die der Berg selbst bietet. Der Mensch hat also kurzzeitig die Chance, in den Zeitraum einzutauchen, der ihn erst zum heutigen Menschen gemacht hat.

Die Umweltbelastung durch das Klettern hängt von der Anzahl und dem Verhalten der Kletterer, von der ökologischen Empfindlichkeit des jeweiligen Gebiets sowie dem Vergleich mit anderen belastenden Nutzungen ab.
Nikolaus Schranz

Der Einsatz künstlicher Hilfsmittel im Hochgebirge – ob am Berghang oder in der Felswand – muß also unterbleiben oder verboten werden. Auf Ausnahmefälle beschränkt, weil sie schon da und geduldet sind, oder in Notfällen, waren sie doch nie eine Bereicherung in einer Welt, deren

Wert nur durch Reduktion der Technologie wachsen kann.

Bergsteigen und seine Spielarten

Der Berg, jahrtausendelang Orientierungshilfe und Mythos für den Menschen, ist seit gut zweihundert Jahren Ziel seiner Sehnsüchte und sportlich-spielerisches Betätigungsfeld. Die moderne Alpinistik, entstanden mit der Industrialisierung und aus unbewußter Eroberungssucht, begann als romantische Bewegung: »Zurück zur Natur.« Dem Eroberungsbergsteigen (von der Erstbesteigung des Montblanc, 1786, über den »Kampf ums Matterhorn«, 1865, bis zum »Sieg über den Mount Everest«, 1951) folgte das Schwierigkeitsbergsteigen, wobei nicht mehr der Gipfel, sondern der Weg das Ziel war. Das Wie spielte dabei eine untergeordnete Rolle. Emilio Comici hätte 1931 in der Nordwand der Großen Zinne gebohrt, wenn es notwendig gewesen wäre. Die Eiger-Nordwand wurde 1938 mit allen damals zur Verfügung stehenden Tricks erstbegangen, und die Briten haben Fixseile, Sauerstoffgeräte und Plattformen für ihre Hochlager eingesetzt, um 1975 die Südwestwand des Mount Everest bezwingen zu können.

Man wird mit Eisenbahnen aller nur denkbaren Systeme auf die Berge hinauf- und hinabfahren, auf elektrischen Drahtseilbahnen die großartigen Gletscher bequem und sicher traversieren – dabei telephonisch mit Bekannten und Verwandten in steter Unterhaltung sein.
Lambert Märzroth (1875)

Erst seit einem Vierteljahrhundert beginnt sich eine andere Einstellung in der Auseinandersetzung Mensch – Berg durchzusetzen: der Verzicht. Gleichzeitig aber haben Handy und Hubschrauber im Gebirge Einzug gehalten, und in In-Gebieten geht es zu wie in Großstädten. Der freiwillige Verzicht des Menschen auf seine Überlegenheit dank der Technik bleibt also einseitig. Mit der Frage nach dem Wie haben sich nun mehrere Spielarten mit jeweils eigenen sportlichen Regeln herausgebildet.

Obwohl Paul Preuß schon 1911 eine nüchterne Trennung von Alpinistik und Klettersport gefordert hat, ist diese erst seit zehn Jahren allgemein bewußt geworden: Beim Sportklettern geht es weder um den Gipfel noch um die Wand, sondern um den Sport. Dabei ist nochmals zu unterscheiden zwischen dem Wettkampfklettern an einer künstlichen Wand (heute meist in der Halle) und der Kletterkunst an natürlichen Felsen ohne Fortbewegungshilfen. Auch beim Höhenbergsteigen, vom Sportklettern weiter entfernt als der Marathonlauf vom Hundert-Meter-Sprint, wünsche ich mir eine sportliche Komponente: Allein der Stil entscheidet über den bergsteigerischen Wert einer Tour, nicht der gekaufte »Erfolg« oder die Geschwindigkeit. Diese kommt als logische Folge einer sauberen Besteigung heraus. Wenn Erhard Loretan in nur zwei Tagen durch die Everest-Nordwand stieg, dann nicht deshalb, weil er einen Rekord aufstellen wollte, sondern weil seine Taktik diese Schnelligkeit bedingte und sein Kletterkönnen sie erlaubte.

Jeder ostentative Konsum ist eine Demonstration der Macht, und er zeigt, daß die luxuriöse Verausgabung immer auf Zuschauer angewiesen ist, die sich von ihr beeindrucken lassen.
Hans Magnus Enzensberger

Auch das alpine Bergsteigen, in den Alpen entwickelt und inzwischen in fast allen Gebirgen der Welt betrieben, hat sich weiterentwickelt. Dabei spielen heute Freikletterkönnen und ökologisches Verantwortungsbewußtsein – so hoffe ich – eine wichtigere Rolle als noch vor vierzig Jahren (Dolomiten- und Grand-Capucin-Direttissimas). Die Lust oder Sehnsucht, einfach auf einen Berg zu steigen, über welche Fußwege, Wände oder Kanten auch immer, wird im Menschen nur dann lebendig bleiben, wenn er den Berg nicht zum präparierten Sportobjekt degradiert. Deshalb ist das »Wie besteige ich einen Berg?« nicht primär ein sportliches, sondern ein ökologisches Postulat. Wie hinterlasse ich ihn als Medium für den nächsten Erfahrungssucher?

Die Verzichtalpinistik allerdings steht im krassen Gegensatz zur Lebenshaltung jener, die sich dank ihres steigenden Bruttosozialprodukts die Extravaganz leisten können, Kletterkünstler auszuhalten, die sie gern als Symbole ihrer Zielstrebigkeit präsentieren. Diese Haltung hat ein zerstörerisches Potential.

Bergsteigen ist als Katalysator denkbar für eine Bewegung, die dem Menschen klarmacht, daß kein Tun sinnlos ist, wenn der Täter die Natur respektiert und seine eigenen »weißen Flecken« erforscht. Wir Bergsteiger seien die »Eroberer des Nutzlosen«, meinte Terray, doch »das Überflüssige ist eine höchst notwendige Sache«, hat schon Voltaire postuliert. Klettern und Bergsteigen wie auch Grenzgänge in großer Höhe bergen zwar die Erbsünde des viktorianischen Eroberungswillens in ihrer Entwicklungsgeschichte, sind aber erneuerungsfähig, solange wir alle Felsen und Gletscher als »weiße Wildnis« zu verteidigen wissen.

Wer die Todesprüfung besteht, erwirbt ein Zeugnis, das zum Leben berechtigt. ›Bis ans Äußerste gehen‹ – mit solchen oder ähnlichen Worten begründen die Akteure die vielfältigen Selbstherausforderungen. Für Otto Normalverbraucher haben die Reiseunternehmen eine ganze Skala derartiger Lehrgänge erfunden, angefangen beim einwöchigen ›sanften Überleben‹ in den Schluchten des Flusses Verdon bis hin zu den ›Überlebensimitationen‹ in der Wüste. Stellen wir uns vor, Indianer kämen zum Überlebenstraining an die bretonische Küste oder gar mitten nach Paris, um wenigstens die internationale Exotismusbilanz auszugleichen.

David Le Breton

Der Tod aus dem Reisekatalog

Eilige Wanderer und ein paar rastlose Achttausender-Bergsteiger, die möglichst schnell nach Hause oder an den Fuß des nächsten Achttausenders gelangen wollen, profitieren von der offensichtlichen Zeitersparnis, die ein Rückflug mit sich bringt. Allerdings sind solche ›Pick-ups‹ weder legal noch wünschenswert, führen sie doch automatisch dazu, daß sie zur Regel werden.
Bernhard Rudolf Banzhaf

Seit zwanzig Jahren macht sich eine Entwicklung breit, die die Gefahr der Berge verharmlost. Viele Touren wurden mit Bohrhaken abgesichert. Achttausender werden für Massenaufstiege präpariert. Das führt zu einem neuen Schub von Menschen, die Berge einfach »konsumieren«, obwohl sie das eigentliche Handwerk nicht beherrschen. Statt die Gefahren, Schwierigkeiten und Anstrengungen der Bergwelt als Filter zu verstehen, durch den der Massentourismus nicht hindurchsickert, ist im Kopf vieler Menschen die Meinung entstanden, der Berg sei wie auf einer Postkarte: ein nettes, sonniges Stück Fels, ein schimmernder Eishang unterm Himmel, auf dem man wie auf einem Sportgerät herumturnen kann. Harmlos aber war das Gebirge nie und wird es nie sein. Wer auf große Berge will, riskiert sein Leben.

Obwohl ich das Extrembergsteigen immer als gefährlich hingestellt habe, werde ich als Urheber einer Einstellung angegriffen, die den Massentourismus ausgelöst hat. Ich aber trage nur die Verantwortung für meine Aussagen und für mein Tun, nicht für die Hybris aller selbsternannten »Idealisten«, die Messner spielen wollen. Natürlich bin ich als Expeditionsleiter für Organisation und Routenwahl verantwortlich. Und dies, obwohl meine Expeditionen keine Gruppenreisen sind. Ich habe mir immer wieder die besten Bergsteiger gesucht, und wir sind – jeder in Eigenverantwortung – losgegangen. Jeder war so gut wie der andere. Als mich kürzlich aber der Besitzer einer amerikanischen Airline bat, ihn gegen Anteile seines Unternehmens auf den Mount Everest zu führen, lehnte ich ab. Ich hätte seine Sicherheit garantieren müssen. Und das konnte ich nicht. Eine kleine Erschütterung im Eisbruch, und wir wären verschwunden. Aber nicht nur der Mount Everest wird gefährlich bleiben. Wenn an einem Sechstausender, dem Pisang Peak, 13 Leute sterben, jammern zwar alle über die Katastrophe, aber morgen gehen sie alle wieder los. Das Schizophrene an den kommerziellen Expeditionen ist ihr Nachspiel: Wenn einer heil herunterkommt, ist er ein Held; wenn nicht, wird der Bergführer verklagt.

Auch ich habe mich einmal bemüht, Klienten auf hohe Berge zu schleppen. 1972 habe ich einen Siebentausender im Hindukusch »geführt«. Unmittelbar danach habe ich beschlossen, es nie wieder zu tun. Es ist zu gefährlich. Teilnehmer drohten mir im Hochlager, mich zu verklagen, wenn ich sie nicht weitergehen ließe. Weil ich sagte, daß sie garantiert umkämen, wenn sie weitergingen, wurde ich beschimpft, von allen »Gipfelsiegern« aber später umarmt. In großer Höhe sind nicht nur Stürme und Lawinen unberechenbar, auch der Mensch verhält sich wegen des Sauerstoffmangels oft unorthodox.

Würden Sie buchen, wenn man Ihnen eine Ersteigung des K2, immerhin des zweithöchsten Berges der Welt, anböte? Per Heli ins Basislager, von dem aus eine seilgesicherte Route, einer Via ferrata ähnlich, mit vorbereiteten Lagern zum Gipfel führt, Telefonservice inklusive?
Fritz März

Natürlich werden Teilnehmer solcher kommerziellen Expeditionen auf die hohen Risiken hingewiesen. Aber nur theoretisch. Wenn mit teuren Glanzkatalogen Sponsoren und Klienten angesprochen werden, die helfen sollen, den Versuch zu finanzieren, einen oder mehrere Berge hintereinander

Flugzeuge und Piloten, die am Boden stehen, kosten vor allem Geld und bringen nichts ein. Aus diesen ökonomischen Überlegungen heraus sucht der clevere Unternehmer nach weiteren Einsatzmöglichkeiten, welche über die tägliche Routine von Linienflügen und Rettungseinsätzen hinausgehen. Die Helikopter erobern nun den Himalaja, indem sie für touristische Rundflüge verwendet oder an Trekkingveranstalter, Hotels und Reisebüros verchartert werden, die sie für irgendwelche, manchmal phantasievolle Einsätze benötigen.
Bernhard Rudolf Banzhaf

zu besteigen, wird aus einer Führungstour ein »Grenzgang« gemacht, der aber umgekehrt für jedermann zu schaffen sein soll: sicher, flott, prestigeträchtig.

Solche »Expeditionen« sind meist Zwitter, nicht Führungstour und nicht Grenzgang. Grenzgänge sind gefährlich und schwierig. Dazu braucht es Logistik, Können, Glück, und trotzdem riskiert jeder Teilnehmer sein Leben dabei. Die neuen Berg-Yuppies aber – von Kanzlern und Präsidenten angelobt, mit dem Helikopter ins Basislager geflogen, 24 Stunden lang umsorgt – wollen es ohne Risiko, ohne viel Anstrengung, indem sie über ein paar fremde Lagerketten auf einen Gipfel laufen.

Im Frühling 1996 strebten zwei Gruppen von Kunden zum höchsten Punkt der Erde. Die meisten von ihnen hätten in Eigenverantwortung keine Chance gehabt, auch nur auf den Montblanc zu kommen. Rob Hall und Scott Fischer, die diese kommerziellen Expeditionen leiteten, starben im Gipfelbereich und überließen die Gäste ihrem Schicksal. Es reichte ein Sturm, um Hall, Fischer und einige ihrer Klienten auszulöschen. Daß ein paar überlebten, war Glück, hatte mit Können wenig zu tun. Wäre die Sache gutgegangen, hätten Hall und Fischer eine Menge Geld verdient. Beide wußten, daß man dort oben keine Rettung organisieren kann.

Nutzen und Schützen stehen in engster gegenseitiger Abhängigkeit und dürfen keinen Gegensatz bilden.
Werner Bätzing

Ich sage seit zehn Jahren, wie gefährlich es ist, wenn Bergführer – und sind es die besten – solche Touren anbieten. Sie verkaufen etwas, was man nicht verkaufen darf: den Mount Everest oder K2 von der Stange.

Ansätze zur Problemlösung

- Die Vorstellung der Bergbewohner von sich und ihrem Lebensraum muß hinterfragt, die Bilder der Stadtbewohner von den Alpen und ihren Bewohnern müssen korrigiert werden. Dabei sind die Wahrnehmungsunterschiede zwischen Berg- und Talbevölkerung in den Alpen ebenso zu berücksichtigen wie die Generationsunterschiede in der Wahrnehmung der Alpen.

- Da Medien mehr mit dem Mythos als mit der Wirklichkeit arbeiten, ist Vorsicht geboten. Die Alpen und ihre Bevölkerung fungieren als Werbeträger – Mißbrauch ist möglich und sollte unbedingt verhindert werden.

- Der Alpenraum im Zentrum Europas ist politisch und wirtschaftlich eine europäische Randregion. Die Politik im Alpenraum bestimmen die Alpenbewohner leider am wenigsten, und nur wenige Alpenpolitiker vertreten die Alpen in Europa. Das muß sich ändern.

- Es braucht mehr Solidarität zwischen den Alpengebieten, mehr Selbstverständnis und sogar neue Mythen. Die Alpen sollten zuerst ihren Bewohnern erhalten bleiben. Gemeinsam realisierte Ideen fördern das Zusammengehörigkeitsgefühl. Nur gemeinsam kann die alpine Wirtschaft überleben.

- Weltweit ist ein Niedergang der Bergbevölkerung zu beobachten. Die Stadtkultur wirkt wie ein Magnet für Bergbewohner. Deshalb greift der reine Schutzgedanke auch in den Alpen zu kurz, weil das Ökosystem nicht nur durch Über-, sondern auch durch Unternutzungen gefährdet ist.

• Die Alpen sind kein rein natürliches, sondern ein kulturell geprägtes Ökosystem. Dieses alpine Ökosystem bedarf einer dauernden Pflege und Naturbearbeitung. Rein agrarisch strukturierte Gebiete neigen zur wirtschaftlichen und kulturellen Erstarrung. Früher oder später bricht ihre Sozialstruktur zusammen. Nur eine gewerbliche und touristische Wirtschafts- und Beschäftigungsstruktur verbessert die Rahmenbedingungen für die Erhaltung der landschaftspflegenden Berglandwirtschaft.

• Die Erhaltung der wirtschaftlichen und gesellschaftlichen Eigenständigkeit der Bevölkerung im Alpenraum hängt mit dem Tourismus zusammen. Da in stark agrarisch geprägten Alpengebieten nur ein relativ geringer Anteil der Beschäftigten in der Land- und Forstwirtschaft arbeitet, ist ebenso das Gedeihen der übrigen Wirtschaftsbereiche sicherzustellen.

• Umweltschutz in den Alpen läßt sich als wirtschaftliche Zukunft verstehen. In den Alpen ist auch ein großflächiger ökologischer Landbau möglich, bei dem die landeseigenen Produkte vor allem im eigenen Land vermarktet werden sollten.

• Ökologischer Landbau bedeutet ein Wirtschaften mit der und nicht gegen die Natur. Ganz konkret hat das Modell des geschlossenen Hofes ein hohes Überlebenspotential. Die Erhaltung von Höfen und Bergbauerndörfern sind wichtige Etappenziele. Was die Infrastruktur betrifft, müssen Zufahrtswege und Eisenbahnlinien als wichtige Lebensadern erhalten bleiben.

• Es gilt, Urlandschaft zu schützen und Naturlandschaft zu pflegen. An der Schwelle zum dritten Jahrtausend sind die Gebirge erforscht, vermessen und kartographiert. »Weiße Flecken« gibt es kaum noch. Die steilsten Wände sind durchklettert, alle Weiten durchwandert, die höchsten Berge bestiegen. Die Alpen sind kultiviert und verwildert zugleich: Verstädterung, Massentourismus und Entvölkerung sind die Folge. Jeder Gipfel ist zum leicht erreichbaren Pilgerort für zahlende Touristen geworden. Die Alpen müssen primär als Lebensraum für die dort lebenden Menschen verstanden werden. Sie dürfen weder als Naturreservat noch als überdimensionale Sportarena mißbraucht werden.

• Um die Umweltbelastung durch den Verkehr in den Alpen zu minimieren, sind autoarme Bergdörfer und sogar autofreie Erholungszentren (Beispiel Zermatt) anzustreben. Die Berge dürfen keinesfalls durch weitere Bergbahnen erschlossen werden. Der Einsatz von Motorfahrzeugen (Autos, Geländemotorräder, Motorschlitten und Hubschrauber) sollte auf absolute Notfälle beschränkt werden. Berghütten sind keine hotelähnlichen Einrichtungen. Es braucht auch keine neuen Klettersteige bzw. drahtseilgesicherte Kletterwege. Historisch wertvolle Steiganlagen sind zu pflegen. Der Einsatz von Sprengstoff zur künstlichen Auslösung von Lawinen ist nur in Siedlungsgebieten akzeptabel.

• Die Erkenntnis der Globalität unserer aktuellen Probleme muß zur Grundlage unserer Handlungen und Entscheidungen werden. Fortschritt muß vor allem in der Begrenzung der Ressourcennutzung und Verschmutzung gesehen werden. Der Wert der Gebirge steigt mit ihrer Unberührtheit.

• Der Bergtourismus in anderen Kontinenten sollte gefördert werden, um die Migration einzudämmen. Als Pioniere des Massentourismus können die Alpenbewohner Erfahrungen über Zerstörung und Schutz der Umwelt weitergeben. Eine nachhaltige Entwicklung ist möglich, wenn Fehler und Erkenntnisse aus dreihundert Jahren Alpenerschließung rechtzeitig exportiert werden.

• Das Bergsteigen sollte als Versuch gesehen werden, eine Idee zu verwirklichen, die nicht mit dem Nachweis der Realisierbarkeit ausgestattet ist. Die Berge – vom Mittelgebirge über die Voralpen bis zu den Achttausendern – sollten als »sinnstiftender Raum« verstanden werden.

• Gebirge sind Raum für wenige, nicht Tummelplatz für alle. Alle Spielarten des Bergsteigens – Sportklettern, Mountainbiken, Gleitschirmfliegen, Weitwandern, Alpinistik, Skitourengehen, Höhenbergsteigen – sind, am richtigen Ort und mit Respekt vor der Gefahr betrieben, gleich akzeptabel.

- Das Bergfahrrad, zum bloßen Abfahrtsmittel reduziert, ist fehl am Platz. Radrennen im Gebirge sind ebenso unsinnig wie Skitourenwettbewerbe. Kletterwettkämpfe müssen, obwohl energieaufwendig, auf künstliche Strukturen (Pisten, Wände) begrenzt bleiben.

Heile Berge?

Nein, der Berg ruft nicht. Was lockt, sind die Stille und Weite dort. Enge und Langeweile des Berufs- und Familienlebens erzeugen Sehnsucht nach »höheren Regionen«, in denen sich der Städter – je weiter weg, um so mehr – das Gegenteil des »Unten« vorstellt. Die erhoffte Freiheit aber, Ruhe und Erhabenheit sind oben immer weniger zu finden. Am wenigsten ist den Umweltproblemen zu entkommen. Dort, wo die Schönheit der Berge besonders gerühmt wird, ist die Anziehungskraft am größten, am lukrativsten, am zerstörerischsten. Die Touristen verzehren am Ende genau das, was sie alle suchen.

›Vita contemplativa‹, das beschauliche Leben, und ein paar Stunden später die ›Vita activa‹, das zupackende Leben – beides konnte ich auf der Rax innerhalb eines Tages erleben.
Viktor E. Frankl

Was der Wandertag im Mittelgebirge, ist der Sommerurlaub in den Alpen. Er bedeutet, daß viele Menschen aus allen Himmelsrichtungen mit dem Auto einfallen. Ob Volkswandern oder Sportklettern, die Jagd nach Leistungsabzeichen oder Schwierigkeitsgraden ist dieselbe. Ob der Steig mit Farbflecken oder die Kletterroute mit Spits markiert ist – niemand soll sich verlaufen können. Horizontal nicht, vertikal nicht.

Nach der Trimm-dich-Welle kam die Fun-Bewegung. Geblieben ist trotz der Naturanbetung das Sammeln von metallenen Auszeichnungen und ein eindeutiges Bekenntnis zur Gruppe, zur Sekte. Als marschierte, radelte, kletterte es sich gruppenweise schöner. Sogar die Bergbevölkerung rottet sich immer mehr zusammen. Mehr als die Hälfte der Alpenbevölkerung lebt inzwischen in Gemeinden mit fünftausend und mehr Einwohnern. Vielerorts dürften wir schon nicht mehr vom ländlichen Raum reden.

Bevor das Volkswandern als Trophäenjagd oder das Sportklettern als Schwierigkeitsfetischismus zur Karikatur einer Idee wurden und noch lange nachdem die Fußreise in den Alpen ein notwendiges Übel für jeden Reisenden war, gab es weder in Mittelgebirgen noch im Hochgebirge Konflikte zwischen »Naturschützern« und »Naturnützern«. Inzwischen aber stürmen Millionen die Parkplätze im Talgrund, sammeln Woche für Woche Hunderttausende Hüttenstempel und Zigtausende klingende Namen von Kletterrouten, die mit Akkubohrern durch empfindliche Felsbiotope gehämmert wurden. Ohne Rücksicht auf Dohle und Wanderfalken.

Kommerz, Masse und die Zeit werden das Klettern noch weiter verändern. Derweil kann man noch viele Nächte lang wunderbar über Ethik diskutieren. Vor allem, wenn es um so etwas Ungreifbares wie ›die Zukunft des Alpinismus‹ geht. Problematisch wird's dann, wenn einige Puritaner dem Rest der Welt mit strengen Regeln den Spaß verderben wollen. Und bei der Sicherheit hört der Spaß auf.
Andreas Dick

Nicht der Kletterer oder Wanderer ist das Problem, es sind die Horden, die einbrechen, tagelange Kolonnen von Weitwanderern, ganze Trupps von Kletterern, die in ihren Ziel- und Modegebieten eine Dauerbelastung darstellen, weil durch die ständige Begehung Grasnarbe und Fauna leiden. Ist die Vegetation erst vernichtet, schwindet die Tierwelt, und der naturhungrige Mensch zieht weiter zum nächsten Biotop.

Das Problem ist also die Zahl. Wenn immer mehr Wanderer und Kletterer ein und dasselbe Gebiet als Sportarena nutzen, entsteht bei Heimat- und Alpenschützern die Vorstellung einer Plage, die über Flur und Felsen kommt. Es geht dabei nicht nur um die Felsen-Schaumkresse, es geht vielmehr um eine verträgliche Begegnung zwischen Mensch und Berg.

Ich bin kein Ökochonder und weiß, daß nur Entbehrung und Gefahr das Regulativ sein können, um die Alpen zu befrieden. Wenn wir aber unsere heutige Risikovermeidungshysterie auch ins Gebirge übertragen, werden Wanderer, Kletterer, Bergsteiger schließlich dort ausgesperrt werden. Weniger deshalb, weil sie nicht umweltverträglich genug wären, sondern weil es zu viele geworden sind.

Arena der Einsamkeit

Als ich vor mehr als zwanzig Jahren meine Begeisterung für die außereuropäischen Gebirge in Worte faßte, hatte ein neuer Aufbruch »zu den Bergen der Welt« begonnen. Einsamkeit gab es dort, Ausgesetztsein, Gefahr – und Luxus hatte etwas mit warmen Füßen zu tun. Inzwischen ist auch der Himalaja »Therapieraum« für Scharen von Touristen geworden, die sich mit Vorliebe am Mount Everest, an der Annapurna, am K2 massieren. Also müssen wir uns mit dem Dualismus Sehnsucht versus Bedrohung, Reisen versus Zerstörung auseinandersetzen. Ob und wie Nutzung und Bewahrung vereinbar sind, ist heute – im Zeitalter verreister Berge – mein Thema.

Expedition war früher ein Synonym für Unbekanntes, Risiko, Todesgefahr. Jeder zweite Höhenbergsteiger erfror sich die Füße, jeder zehnte kam um. Der Tatsache, daß das Expeditionsbergsteigen gegen die Normen der Alpinistik verstieß, verdankt es aber sein Prestige. Auf der Flucht vor seinem eigenen Schatten ist der Höhenbergsteiger nun dabei, all die Werte zu opfern, die diese Disziplin der Alpinistik ausmachen.

Der klassische Alpinismus ist tot. Mit dem Zerfall unseres Tuns in ein Dutzend Disziplinen ging und geht vor allem ein geistiger Bruch im Verhältnis Mensch – Berg einher, der einer Umgewichtung der Werte gleichkommt.

Es kann nur eine Strategie erfolgreich sein, die gegenüber der wirtschaftlichen Expansion die Umweltverträglichkeit aller Nutzungen einfordert, sich nicht bloß auf die Schutzgebiete zurückzieht und sich in den Zusammenbruchsregionen aktiv für die Fortführung der angepaßten Nutzungsformen einsetzt.
Werner Bätzing

Den Progressisten, die ihren Sport in den Bergen auf Erschließung und Sicherheitsnetze aufbauen, geht es um immer mehr Spaß in einer austauschbaren Natur. Ihre Zahl wächst, und mit ihren Methoden erobern sie jenes Reich, das konservative Bergsteiger, denen es um eine Ethik geht, bis gestern geprägt haben. Über beiden Gruppen und im Scheinwerferlicht der öffentlichen Aufmerksamkeit steigen jene, die Rekorde ankündigen oder vortäuschen, indem sie zuerst die Strukturen der Progressisten für sich nutzen, um dann ihre »Heldentaten« als selbstverantwortetes Risikospiel zu verkaufen. All die »unglaublichen Rekorde«, »mörderischen Herausforderungen«, »selbstlosen Forschungsarbeiten« sind meist nichts als Etikettenschwindel, also Werbesprüche zu einem Geschäft, das inzwischen auch Reiseveranstalter nutzen, um ehrgeizige Klienten anzusprechen. In ihrem Streben nach Differenzierung finden immer mehr »Weltreisende« besonders begehrenswert, was knapp, selten und teuer ist. Eine Form des Konsums, die wir Luxus nannten.

Dabei wären in allen Gebirgen dieser Erde jene Luxusgüter, die der Mensch in seinen Ballungszentren langst ausverkauft hat, umsonst zu haben: Zeit,

Ruhe, Ungestörtsein, reines Wasser, genügend Platz, saubere Luft. Nur diese elementaren Lebensvoraussetzungen gilt es zu retten, wenn wir die Berge retten wollen.

Der Wert der Zeit kann nicht mit der Stoppuhr gemessen werden. Zeit zu haben und selbst zu entscheiden, wann, wo, womit wir uns beschäftigen, ist ein unschätzbares Gut.

Ebenso wichtig ist Ruhe. Was nützen die von allen Seiten einströmenden Informationen, wenn die Aufmerksamkeit dabei fehlt? Vom Rauschen der Kanäle, Piepsen der Telefone, im Lärmpegel der Stadt werde ich irre. Gebirge stelle ich mir auch als letzte Inseln der Ruhe vor. Wenn ich aus den großen Räumen der Berge zurückkomme, erscheinen mir die Städte mit ihren aggressiven und verdichteten Lebensverhältnissen wie Gefängnisse. Gebirge könnten die Rückzugsräume der Zukunft sein.

Das Privileg, sauberes Wasser zu trinken und klare Luft zu atmen, wird immer mehr Mühe kosten. Mit Geld ist beides schon jetzt nicht mehr zu haben. Ähnliches gilt für unser Essen. Wer es sich leisten kann, seine Nahrungsmittel selbst herzustellen, weiß, was er ißt. Aber nur wer die Ausdauer und Mittel besitzt, bis über die letzten Barrieren von Arbeitswelt und Freizeitrummel vorzustoßen, dabei selbst Risiken für Leib und Leben produzierend und erduldend, wird die Umwelt vorfinden, die uns Menschen entspricht: uns als Fußgängern, unseren sinnlichen Fähigkeiten, unserer Menschennatur.

Der Luxus der Zukunft ist in keinem Reisebüro oder Sport-Shop zu haben. Wie in der Vergangenheit hat er nichts mit dem Überangebot, sondern mit der

Verknappung bestimmter Werte und Güter zu tun. Es ist das Notwendige, das für immer weniger Menschen immer schwieriger zu bekommen sein wird, das die »Berge der Welt« so wertvoll macht. Nicht die Erschließer und nicht die Konsumenten sind auf dem richtigen Weg – die Sucher vielleicht. Das Leben verspricht in Zukunft kein reines Vergnügen, und privilegiert ist, wer das Notwendige genießt und sich auf seinem Weg selbst einbringt.

Nachhaltig verändert hat die Alpinistik bisher immer der Geist, nicht die Gerätschaft oder der Kommerz. Der Alpinismus ist nicht tot, solange ihn jede junge Bergsteigergeneration immer wieder neu erfindet.

Bergsteigern

Auch Climber sind Menschen.

Zu allen Zeiten erhitzten sich die Diskussionen der Insider um die Resultate ihrer Kollegen. Die Fachleute aber waren nie einhellig einer Meinung, und so entstanden Gegenspieler; Gruppen bildeten sich, die sich gern als »Schulen« wichtig taten. In diesen Rivalitätsgebärden kam es zu Koalitionen, zu Machtpolitik, bis die Medien in ihrer Ankündigungseuphorie Angeber, Hochstapler und Scharlatane in den Vordergrund stellten. Zwischen Vergessen, Bannspruch und Verdikt erlosch so mancher Stern am Kletterhimmel.

Während die Tourismuswirtschaft insgesamt unbeeindruckt von allen Rezessionen stetig wächst und das Gros der Ziele in aller Welt Jahr für Jahr neue Rekordzahlen verzeichnet, verlieren die Alpen kontinuierlich an Attraktivität.
Jakob Strobel y Serra

Erst die Wettkämpfe an kurzen, künstlichen Kletterwänden schafften Klarheit. Sieger wird, wer am höchsten kommt.

Aber oben, draußen, im Gebirge herrschen andere Gesetze, und dort geht das Verwirrspiel weiter.

Jeder Rekord am Mount Everest ist lächerlich, und das Bergauf-bergab-Rennen am Matterhorn ergibt keinen Sinn. Die Wettkämpfer haben keine der Aufgaben gelöst, die uns am Berg gestellt werden: nicht im alpinistischen, nicht im touristischen, nicht im ökologischen Bereich.

Ein noch größerer Unfug sind die internationalen Wettläufe an Vier-, Fünf-, Sechs- oder Siebentausendern. Die Achttausender waren – weil auf die Zahl 14 beschränkt – von Anfang an Fluchtpunkte nationaler und privater Eitelkeiten, der Wettlauf zum Gipfel nimmt ihnen nun noch die letzte Dimension: ihre Größe.

Der Spitzenbergsteiger heute steigt nicht nur, er steigert: Schwierigkeitsgrade, Höhenunterschiede, Rekordzeiten, mindestens seinen Marktwert. Nur auf Ausgesetztsein legt er keinen Wert. Bewaffnet mit Bohrmaschine, gespornt mit Cliffhängern und getrieben vom Sekundenzeiger der Kletterentwicklung, legt er allerorts sein Sicherheitsnetz über die Berge. Zuerst wird der Weg präpariert – von oben, von unten, von anderen –, dann werden Passagen geprobt und abgesichert, bis nur noch der Absturz unmöglich ist. Zuletzt kommt das Muskelspiel. Was am Ende frei geklettert wird, ist so schwierig, daß es ohne Absicherungsmaschinerie erst gar nicht versucht werden könnte.

Natürlich war man auch früher auf Steigerung aus. Die Rekordjäger von gestern aber lieferten sich zuerst dem Ungewissen aus, dann der Angst, in den Kletterhimmel zu fliegen, zuletzt dem Versagen.

Nach ihren Grenzgängen verbreiteten die Helden zu Hause Schauder jeder Art und ein paar Geheimzeichen, die der nächsten Klettergeneration Angstlust ungeahnter Art suggerierten. Bergsteigen war kein Spaß, weder für die Akteure selbst noch in der Vorstellung der Zuhausegebliebenen. Der Berg war Möglichkeit und Bedrohung zugleich, ein Stück Natur, das auf die Menschen ebenso gefährlich wie faszinierend wirkte.

Die frühere kollektive Motivation als Triebfeder der Expeditionen hat sich innerhalb weniger Jahrzehnte verändert und teilweise aufgelöst. An die Stelle der Bergbesteigung im Sinne technischen und gesellschaftlichen Fortschritts und für das Vaterland treten das persönliche Erlebnis und die individuelle Selbsterfahrung. Statt ›Entdeckung‹ lautet die Motivation nun ›Selbstentdeckung‹.
Dominik Siegrist

Ich möchte weder den Pioniergeist noch den Heldenmut früherer Bergsteigergenerationen strapazieren, die, getrieben vom Eroberungswahn und oft geblendet von übernommenen Idealen, die letzten weißen Flecken in der Wildnis stürmten. Mit dem Wunschbild einer romantischen, unberührten Natur kann ich mich ebensowenig anfreunden wie mit der Scheinheiligkeit einer Bergsteigermoral, die nur die Naturvergessenheit der Industriegesellschaft widerspiegelt.

Mich interessiert die Kultur, die der Mensch als Teil und Gegenteil von Natur schafft, wenn er sich ins Unnütze versteigt. Wer dabei jede Gefährdung ausschaltet, nimmt nur einen Teil der Berg-Natur wahr, und wer nach dem Limit der anderen schielt, vielleicht nicht einmal sich selbst. Er kann also genausogut am Gummiseil vom Kranarm springen, an einer Kunstwand klettern oder sein Wildnistrekking lediglich am Computer simulieren.

Und in der Tat, bei vielen Natursportarten – Freeclimbing an präparierten Routen, Pistenskilauf – geht es heute ausschließlich um »Fun«, den kurzen Nervenkitzel oder den Rekord. Wer schneller steigt, schwieriger klettert, tiefer springt, weiter läuft, interessiert mich zwar weniger als die Gipfelhöhe des Mount Everest, bestimmt aber in Zeiten wie unseren, in denen wir einen tiefgreifenden Wandel des Freizeitverhaltens beobachten, das Verhältnis zwischen Mensch und Berg.

Wenn sich heutzutage Naturschützer und Freizeitsportler immer häufiger ins Gehege kommen, hat das seine Gründe. Wenn in den USA Bergsteiger vor Gericht gestellt werden, weil sie an den Granitfelsen im Yosemite Bohrhaken gesetzt haben, und umgekehrt das Amtsgericht Laufen einen Bergführer »im Namen des Volkes« der »gemeinschädlichen Sachbeschädigung« schuldig spricht, weil er ein paar Haken in der Untersberg-Südwand entfernt hat, sind das Umstände, die ich nicht mehr nachvollziehen kann. Und wenn die einen vom »Ruin des Klettersports« reden und die anderen von der »Philosophie des Wahnsinns« zeigt das, daß wir auf den babylonischen Turm der Werte- und Sprachverwirrung steigen.

Der eine setzt alle zehn Meter einen Bohrhaken, der andere alle fünf, der nächste alle drei oder zwei, und wieder ein anderer fordert ein Drahtseil. Bohrhaken sind künstliche Griffe für die Psyche; wenn ich mich eine Wand nur mit Bohrhaken rauftraue, ist das nicht viel anders, als wenn ich in ›Action directe‹ die Griffe größer mache, weil ich auch gerne mal so etwas Steiles klettern will.
Georg Kronthaler

Es wird in erster Linie an uns selbst liegen, an uns Bergsteigern, aus der Sackgasse zu finden, in der unser Tun nach dem Direttissima-Zeitalter wieder einmal steckt.

Der Horror von Shangri La

Im Charter nach Katmandu sitzen die Trekker in Fleece-Hose und Daunenjacke, Bergschuhe an den Füßen, der Blick Himalaja-verklärt. Als müßte es irgendwo im fernen Nepal oder dahinter das Paradies auf einer Erde geben, die daheim schon lange unbewohnbar scheint.

Nicht nur Romane und Spielfilme, auch Dokumentationen im Dutzend, Reiseführer und Kataloge preisen »Shangri La« als die Zufluchtsstätte aller lärm- und umweltgiftgeplagten Menschen. Im Himalaja könnten Lamas über eine Entfernung von Hunderten von Kilometern miteinander kommunizieren, ohne dabei ein Telefon zu benützen, Yogis senkten nach Belieben ihre Körpertemperatur oder die Pulsfrequenz, lebendige Götter liefen mitten am Tag durch die Täler. Katmandu ist seit 15 Jahren nicht nur für Bergsteiger das, was Mekka seit 1500 Jahren für die Moslems ist oder Rom vor 1000 Jahren für die deutschen Kaiser war. Katmandu ist zum »Shangri La« für jeden Asienbesucher geworden.

In den Bergen Nepals scheint die Zeit ein paar Jahrzehnte oder Jahrhunderte stillgestanden zu haben, und dieser Umstand erlaubt der naturentfremdeten Seele eines Mitteleuropäers ein tiefes Durchatmen. Im letzten Jahrzehnt dieses Jahrtausends nun hat die junge demokratische Regierung von Nepal ein paar Gebiete zugänglich gemacht, Dolpo und Mustang zum Beispiel, die vorher, weil ohne jede Infrastruktur, als »restricted areas« für den Tourismus gesperrt gewesen waren. Hier sind die Menschen in ihren Lebensgewohnheiten nicht nur ursprünglicher geblieben, sondern auch ärmer und bescheidener.

Seit einigen Jahren werden Skibergsteiger-Wettkämpfe in den Alpen und den Pyrenäen durchgeführt, angestrebt ist eine Art Europacup. Im Tienschan-Gebirge finden ›Wettläufe‹ auf den Khan-Tengri, immerhin 6995 Meter hoch, statt, mit Streckenposten, Zeitnahme und Fixseilen an den kritischen Stellen.
Karl Schrag

Nichts gefällt dem verwöhnten Trekker besser als das Lächeln und die Bescheidenheit der Ärmsten unter den Einheimischen. Deshalb reist er, der überall sonst schon gewesen ist, nach Shangri La, wo die Familien kinderreich und armselig sind. Daß allein die Genehmigung 700 Dollar pro Mann und Woche kostet, wissen die Armen nicht. Wenn das Geld in ihre noch heile Welt käme, könnten dort kleine Elektrizitätswerke, Bewässerungsgräben und ein Hospital gebaut werden. Zum nächsten Arzt sind es oft sieben Tagesmärsche.

Die Genehmigungsgebühr aber versickert vorerst in Katmandu (die alte Nomenklatura in den Ämtern mit der Korruptionserfahrung von Jahrzehnten ist trotz der neuen Regierung geblieben). Der obligate Begleitoffizier sahnt ab, vielleicht auch ein cleverer Händler. Die Reiseveranstalter in Europa arbeiten in Nepal mit lokalen Trekkingagenturen zusammen, die schon seit langem ihre Auslandskonten füllen und Küche, Träger, Zelte aus Katmandu mitnehmen. Bei den Menschen oben in den Bergen bleibt wenig oder nichts von dem, was 200 000 Touristen jährlich für ihren Nepalurlaub ausgeben. Dabei könnten die Menschen in Dolpo und Mustang Bares gebrauchen. Der Handel mit Tibet, einstmals wesentlicher Umsatzfaktor, ist seit der Besetzung Tibets durch die Chinesen geschwunden. Die Felder erodieren, und die Almen sind überweidet. Ohne Tourismus oder Entwicklungshilfe ist die Wüste hinter Dhaulagiri und Annapurna bald total. Ein Überleben für den Menschen wird unmöglich.

Daß dieses Denkmuster ›Mensch ohne Natur‹ falsch ist, wurde schon früher erkannt, z. B. von Marcel Proust, wenn er sagt, Natur alleine gibt es nicht, oder von Theodor W. Adorno, wenn er meint, ohne Mensch gäbe es keine Natur: ›Natur ist das, was der Mensch hineininterpretiert.‹
Fritz März

Wenn nun, wie oft in den Medien, davon die Rede ist, daß auch das letzte Fleckchen von Shangri La dem Tourismus geopfert wird, zeugt das von Zynismus. Wenn aber der Minister für Tourismus von Nepal öffentlich erklärt, daß er die Zahl der Gäste im Land durch eine Aktion »Saubere Berge« steigern will, zeugt das von Dummheit.

Am Ende der Welt, dort wo die Täler eng und die Berge hoch sind, war der Minister noch nie. Er lebt in Katmandu, und nur dort stinken die Giftgase zum Himmel; das Wasser ist nicht nur untrinkbar, es treibt Nepalurlauber in Hundertschaften ins Tropeninstitut; der Lärm ist unerträglich. Nepal kann sicherlich ein Mehr an Touristen vertragen, wenn sie sich vernünftig über das ganze Land verteilen.

Beim Stichwort umwelt- und sozialverträglicher Tourismus gehen wir ja davon aus, daß die Bevölkerung vor Ort ökonomisch profitiert und bei den Entscheidungen beteiligt wird. Die ›Bereisten‹ müssen selbst bestimmen, was die Reisenden in ihrem Land machen dürfen.
Jost Krippendorf

Wenn aber in Katmandu dem Öko-Kollaps nicht Einhalt geboten wird, ist der Tourismus verspielt, ehe er gesteigert werden kann. Tausend und mehr Motorrikschas verpesten mit ihren Zweitaktmotoren die Luft (in Indien wurde verboten, was Nepal gerade erst eingeführt hat). Es gibt keine Kläranlagen, und der Müll türmt sich am Straßenrand. Die expandierende Teppichindustrie bringt nicht nur Devisen ins Land, sie hinterläßt eine Menge Gift im Boden.

Sicher ist es ein Sakrileg der New-Age-Art, wenn im Frühling zwanzig Expeditionen gleichzeitig von Süden (Nepal) auf den Mount Everest losgelassen werden. Das bedeutet zwischen hundert und fünfhundert Leute vom Basislager aufwärts, Aggressionen, Müll und nochmals ein paar hundert leere Sauerstoffbehälter am 8000 Meter hohen Südsattel. Der Mount Everest aber ist lange nicht mehr »Shangri La«. Shangri La liegt abseits und weiter im Westen (»La« heißt Paß). Wir Glückssucher haben auch diesen Paß überquert und nicht gemerkt, daß Trampelpfade zurückbleiben, wo wir uns in Horden bewegen. Reisen an sich ist so gut oder so schlecht wie der Besuch eines Freundes. Die Massen sind es, die aus einem harmlosen Halbnomadentum einzelner einen Horror entstehen ließen. Nun wäre dem in Nepal rasch abgeholfen – mit einer begrenzten Ausgabe von Trekking-Permits für eine bestimmte Zeitspanne und einzelne überlaufene Gebiete.

Sehr viel wichtiger ist es aber, daß in Katmandu etwas getan wird, ehe die Stadt kollabiert; daß die Abholzung im ganzen Land gestoppt wird, ehe den Menschen durch die Erosion nichts übrigbleibt von der fruchtbaren Ackerkrume; daß die Überweidung aufhört. So schön Nepal war und außerhalb von Katmandu noch ist, der Untergang dieses Himalajastaates wird nicht aufzuhalten sein. Der Tourismus wird das Chaos eine Zeitlang bremsen, die Katastrophe am Ende aber beschleunigen.

Der Untergang von Shangri La kommt leise. Es ist, als würden alle Kräfte, die im Innern und die von außen, nur Resonanzschwingungen auslösen: Die Trekker gehen alle dorthin, wo die anderen schon waren. Die Bergsteiger bevorzugen Gipfel, auf denen schon alle sind. Die Bevölkerung wächst dort am schnellsten, wo der Wald abgeholzt, der Boden weggeschwemmt und das Wasser verseucht ist. Das Geld, das ins Land kommt, bleibt dort, wo es vorher schon war. An Lärm, Smog und Müll in ihrer Hauptstadt haben sich die Nepalesen gewöhnt. Gegen Amöben sind sie immun, oder sie sterben geduldig.

Das künftige Wohl unserer Gemeinschaft hängt sehr am Bewußtseinswandel aller. Woher die Impulse dazu, woher die Modelle? Vielleicht von grünen Tischen, besetzt mit traumlosen Vordenkern? Eher schon von zu Fuß gehenden, energiesparenden, naturschützenden, zuhauf wohnenden Aussteigern.
Ludwig Bertle

Bei Resonanz kommt es nicht durch Explosion zum Einsturz. Alles geht still, fast friedlich vor sich. Das Ende aber ist nicht aufzuhalten.

Nanga-Wahn – nackter Wahn

1934, bei der zweiten deutschen Nanga-Parbat-Expedition, war die Tragödie perfekt. Sie eignete sich zum Heldenlied. Fritz Bechtold widmete es den »Deutschen am Nanga Parbat«. Alfred Drexel war an Höhenkrankheit gestorben, Uli Wieland, Willo Welzenbach, Willy Merkl beim Abstieg nach dem erfolglosen Versuch, den Gipfel zu erreichen. Dazu sechs Sherpas, die ihren weißen Herren, den Sahibs, »treu ergeben gewesen waren bis in den Tod«. »Schön muß es sein, mit dem Siegespreis dieses gewaltigen Berges nach Hause zu kehren, größer noch ist es, sein Leben hinzugeben um solch ein Ziel, den jungen Herzen kommender Kämpfer Weg und Flamme zu werden.« So endet Bechtolds Buch.

Zwei Jahre später, 1936, rief Merkls Halbbruder, Karl Maria Herrligkoffer, »bergsteigerische Jugend zu neuem Einsatz«.

1937 starben sieben Sahibs und neun Sherpas den »Heldentod« am Nanga Parbat. Paul Bauer zum Drang deutscher Bergsteiger in den Himalaja: »Die Zerrüttung unseres Vaterlandes und der im Kampf (des Ersten Weltkriegs, Anm. R. M.) geschärfte Blick für das Große sind auch hier das Bewegende.«

Der »Berg der Kameraden« konnte auch 1938 und 1939 nicht bestiegen werden, obwohl Heinrich Harrer dabei war, einer der jungen Stars des deutschsprachigen Alpinismus, der »die Eiger-Nordwand durchklettert« hatte, »über den Gipfel hinaus bis zu unserem Führer«. Fritz Bechtolds Vision – »einmal aber wird auf dem Gipfel des Nanga Parbat die Hakenkreuzfahne wehen, und darin werden alle Fragen gelöst und die großen Opfer der deutschen Bergsteiger verstanden sein« – erfüllte sich nicht.

Wandervogelromantik und der von der Misere des Alltags motivierte Eskapismus der arbeitslosen Bergsteiger der zwanziger Jahre, die individuelle Selbststilisierung zum Helden können ins Völkische degenerieren ... Im Grenzfall wird Klettern zur nützlichen Vorübung für den Gebirgskrieg.
Dietmar Polaczek

1953 erst ging das »Ringen um den Nanga Parbat« weiter. Die Briten hatten mit ihrer erfolgreichen Everest-Expedition bewiesen, daß sie die Tricks aus der Kolonialzeit immer noch beherrschten – bis zum Gipfel der Welt. Zur gleichen Zeit operierten deutsche und österreichische Bergsteiger »auf pakistanischem Boden«. Sie hatten den Segen Adenauers. Der Bundeskanzler der Bundesrepublik Deutschland selbst baute ihnen die Brücke aus der Zwischenkriegszeit zur Nachkriegstat: »In der Aufgabe, die sich die Deutsche Himalaja-Expedition 1953 gestellt hat, verbinden sich wissenschaftliche Ziele mit dem sportlichen Streben, die höchsten der unbekannten Berge Asiens zu meistern. Wir begegnen uns dabei kameradschaftlich mit den Bergsteigern anderer Völker und freuen uns, bei dem gemeinsamen Wettstreit mit den Gewalten der Natur gerade da zu ringen, wo sie am stärksten sind. Ich wünsche dem mutigen Beginnen, das sich an frühere vorbildliche Bergsteiger- und Erforschungsleistungen anschließt, vollen Erfolg.«

Nanga heißt »nackt« und Parbat »Berg«. Der »nackte Berg« wurde 1953 erstmals bestiegen, von einem Einzelgänger, einem Außenseiter, von Hermann Buhl – Ehrgeiz im Herzen, Pervitin im Blut. Karl Maria Herrligkoffer, der Leiter der Expedition, der selbst weder die Erfahrung noch die Fähigkeit dazu gehabt hatte, »ließ« bergsteigen, »damit der Tod und die Pionierarbeit der Helden vom Nanga Parbat nicht umsonst« gewesen wären und die Deutschen zeigen konnten, daß sie wieder da waren, wenigstens beim Bergsteigen.

Was kam nach 1953, nach den sensationellen Erstbesteigungen von Nanga Parbat und Mount Everest? Der nationale Wahn ging weiter. Buchtitel beweisen es – »Kampf und Sieg am Nanga Parbat«, »Der einsame Sieg«, »Sieg am Mount Everest« –, und die Fahnen am Gipfel.

Fünfhundert und mehr Menschen lagern heute, bald fünfzig Jahre nach der Erstbesteigung, pro Saison am Fuße des Mount Everest. Alle wollen den Gipfel stürmen: Südkoreaner, Nepalesen, Taiwan-Chinesen, Amerikaner, Kanadier, Australier, Südafrikaner, Inder, Mazedonier, Franzosen, Finnen, Litauer, Spanier, Russen, Iren, Schweizer, Deutsche, Briten und Neuseeländer. Letztere konnten nicht mehr die ersten ihres Landes auf dem Gipfel der Erde sein, wie die meisten anderen, die mit nationalen Gefühlen – die Staats-, Provinz- oder Dorffahne im Rucksack – Geld und Anerkennung gesammelt haben, um zu einem »Kampf« aufzubrechen, der seit siebzig Jahren lächerlich ist. Damals propagiert von Volksverführern, Schizophrenen, Heldendichtern, und leider bis heute nicht abgeschafft – der nackte Wahn.

Abstecher Mount Everest

Vierzig Jahre nach der ersten Besteigung des Mount Everest kam in Katmandu eine Handvoll jener Männer zusammen, die 1953 den langen und schwierigen Weg von der Hauptstadt Nepals bis zum Gipfel des höchsten Berges der Welt gegangen waren. Sir Edmund Hillary, der seit Jahrzehnten im Rahmen des Himalayan Trust Schulen und Krankenhäuser für die Sherpas baut, wurde von diesen warmherzig gefeiert. Er betonte dabei, daß ihm die »Entwicklungshilfe« für dieses lebensfrohe Bergvolk wichtiger sei als die »Eroberung« des Berges am 29. Mai 1953 mit Sherpa Tensing »für die Menschheit«. Und auch, daß es jetzt darum gehe, die Berge in Nepal vor jener Zerstörung zu schützen, die der Massentourismus mit sich bringe. Lord Hunt, 1953 Expeditionsleiter, setzte sich ebenso vehement für sauberes Trekking und Bergsteigen ein.

Wir beschleunigen uns immer mehr, aber nur, um immer schneller dorthin zu gelangen, wo wir uns immer kürzer aufhalten.
Wolfgang Sachs

Was zur gleichen Zeit am Mount Everest passierte, war genau das Gegenteil von dem, was Hillary und Hunt forderten. Ein Anachronismus!

Allein neun Expeditionen tummelten sich in der Vormonsunzeit 1991 – März, April, Mai – an der Route über den Südsattel. Die meisten von ihnen wollten »zum vierzigsten Jubiläum der Erstbesteigung« auf den Gipfel der Welt, eine Ladies-Expedition genau am 29. Mai.

Zu den gut hundert Bergsteigerinnen – Frauen stellten ein Drittel der »Belagerer« – und Bergsteigern kamen mehr als hundert Sherpas, die über den berüchtigt-gefährlichen Eisbruch ins »Tal des

Schweigens« wollten und weiter über die Lhotse-Flanke zum Gipfel. Die Zeltstadt im Tal des Schweigens war so groß wie ein mittleres Sherpa-Dorf, Abfallhaufen und Lärm blieben nur kurzfristig von Schnee und Lawinenabgängen überdeckt.

Zu den neun Expeditionen am Everest-Normalweg kamen zwei am Südpfeiler, eine an der Südwestwand und eine am Westgrat. Also nochmals hundert Menschen. Die einzige Gruppe, die sich etwas Neues vorgenommen hatte – Bergsteiger aus der Ukraine mit dem französischen Profi Christophe Profit –, sollte in Katmandu nicht eintreffen. Geldmangel? Sie wollten das dunkle, senkrechte Felsband in der Südwestwand erstmals durchklettern, was seit gut zwei Jahrzehnten vergeblich versucht wird.

Da wird ins Basislager geflogen, und dann beginnt ein Wettlauf zum Gipfel, auf dem eine Stempeluhr stationiert ist. Fixseile gewähren den Wettläufern an besonders gefährlichen Stellen etwas Halt, zwei ständige Kontrollposten sind per Funk mit dem Basislager verbunden.
Fritz März

Am Ende aber sollte eine Säuberungsexpedition aus Frankreich bis zum Südsattel aufsteigen und aufräumen. Vierzig Sherpas, vor allem aus Beding, waren für das Clean-up verpflichtet worden. Ob sie für die Tonnen von Plastik, Alu, Stahl, die vor allem am 8000 Meter hohen Südsattel lagerten, irgendwo eine Müllverwertungsanlage installierten? Ich weiß es nicht. Der Transport nach Europa – Helikopter am Berg, Inlandflüge, Überseeflüge – wäre aus ökologischen Überlegungen wohl kaum zu rechtfertigen.

Im Basislager des Mount Everest lebten in diesen drei Monaten also fünfhundert Leute in etwa dreihundert Zelten. Kilometerlang die bunte, stinkende Zeltstadt auf der Mittelmoräne des Khumbu-Gletschers. Und alle wollten nur eins, wieder nach Hause kommen und sagen können: »Ich habe den Everest auf eigene Faust bestiegen – als erste Sherpa-Frau, als erster Koreaner über die Bonington-Route, als erster Bürger von Buxtehude!«

Nationalismus und Campanilismus treiben seltsame Blüten. Neben der sauerstoffarmen Luft, der Anstrengung, der Kälte und Gefahr nehmen Everest-Anwärter heute mehr Unannehmlichkeiten auf sich als die Erstbesteiger. Sie ertragen den Lärm, den Andrang am Hillary-Step. Es ergeht ihnen ähnlich wie den Katmandu-Touristen. Die Stadt dröhnt vom Gehupe und Motorengeknatter, daß es weh tut. Die Luft ist so versmogt, daß viele Radfahrer mit Mundschutz fahren. Das Wasser ist untrinkbar, der Müll türmt sich am Straßenrand.

Mit dem vielgescholtenen Massentourismus hat der Niedergang von Katmandu wenig zu tun. Am Mount Everest hingegen wird es eng und laut. Aber auf das fünfzigmal kleinere Matterhorn steigen pro Saison zehnmal mehr Menschen. Das zeigt, daß die Menschheit, seit fünftausend Jahren seßhaft geworden, nicht mehr mit Nomadeninstinkten umgehen kann. Da nützt es auch wenig, wenn alle paar Jahre ein paar Bergsteiger aufräumen, was andere an Müll zurückgelassen haben.

Wenn in den schweren Routen Bohrhaken Usus sind, warum sollen dann nicht auch die leichten Touren gut gesichert sein? Durch die Sanierung von Klassikern und die neuen Plaisir-Routen ist das Klettern in der Schweiz zu einem richtigen Volkssport geworden. Der Tourismus und die Bergführer profitieren davon, und in den weitläufigen Berggebieten nimmt die Umwelt keinen nennenswerten Schaden.
Jürg von Känel

Absturz im Gänsemarsch

Das Mehr an Bergunfällen jeden Sommer hat nur eine Ursache: das Mehr an Menschen, die Jahr für Jahr ins Hochgebirge drängen. Wanderer und Bergsteiger sind heute vielfach besser ausgerüstet als in den Jahrzehnten unmittelbar nach dem Krieg, auch sind sie theoretisch geschult und technisch versiert.

Was sich verändert hat, ist die Einstellung zum Gebirge. Der Berg, den wir durch das Autofenster oder auf dem Fernsehschirm als Postkartenidyll wahrnehmen, wird in unserem Bewußtsein mehr und mehr zum Sportgerät. Wir gehen also dorthin zum Skifahren, Wandern, Klettern, Wildwasserfahren, Mountainbiken, Gleitschirmfliegen, wie andere in die Tennishalle gehen zum Tennisspielen oder ins Schwimmbad zum Baden. Die wachsende Masse von Touristen, die Jahr für Jahr auf immer mehr Modegebiete losstürmt, unterstreicht Gruppen- und Sportcharakter unseres Tuns. Was zum selben Zeitpunkt an ein und demselben Ort so viele machen, kann weder falsch noch gefährlich sein!

Dieses Empfinden scheint sich mit der Zahl der Akteure vor Ort zu steigern und ist trotzdem ein Trugschluß. Ein doppelter Fehler! Zum einen bleibt das Matterhorn gefährlich, obwohl oft dreihundert Menschen an einem einzigen Tag an seinen brüchigen Felsflanken herumklettern. Zum anderen gehen damit Werte wie Stille, Auf-sich-selbst-gestellt-Sein, Erhabenheit verloren – Werte, die das Bergsteigen ausmachen. Der Massentourismus stört also jenes Medium, das wir als Katalysator für den gewünschten Selbsterfahrungsprozeß aufsuchen. Er zerstört am Ende den Wert des Bergsteigens.

Wenn zeitweise fünfhundert Menschen gleichzeitig versuchen, den Mount Everest zu besteigen, ist es nicht mehr derselbe Berg, der von Edmund Hillary und Sherpa Tensing erstmals bestiegen wurde. Und zwar nicht nur, weil eine Menge an Müll – leere Sauerstoffflaschen, kaputte Zelte, Verpackungsmaterial jeder Art – zurückbleibt, sondern auch, weil der Aufstieg im Gänsemarsch wenig fordert vom menschlichen Geist. Natürlich bleibt der Mount Everest gleich hoch, auch wenn er zum Rummelberg wird. Und abgestürzt kann auch in Serie werden. Die Bergtoten werden mit dem Massenbergsteigen nicht weniger, sie werden mehr.

Die Zahl der Bergsteiger hat sich erheblich vermehrt, was auf folgende Faktoren zurückzuführen ist: genetische Veranlagung, die sich nicht mehr im Überlebenskampf erschöpfen muß; im Zusammenhang damit ein modernes Körperbewußtsein; Freizeit, wie sie keine Generation vor uns kannte, verbunden mit entsprechender Mobilität, und ein immer noch ordentlicher Wohlstand. Diese Voraussetzungen machen Sport, vor allem Sport in der Natur, zu einer Notwendigkeit unserer Zeit, die auch negativen Erscheinungen wie Gewalt, Drogen usw. entgegenwirken kann.
Fritz März

Der Mensch heute glaubt, die Natur zu beherrschen. Er fühlt sich ihr sogar überlegen. Die meisten von uns sind überzeugt – auch wenn wir es nicht reflektieren –, daß wir Schäden in unserer Umwelt mit Hilfe der Technologie wieder ausbessern können. Alle Fehler könnten korrigiert werden, denkt der Alpinist. Irrtum! Hoch oben an den Grandes Jorasses kannst du nicht ausweichen, wenn über dir ein Sérac bricht – ein Eisklotz, 100 Meter lang, 15 Meter dick und 20 Meter hoch. Allein der Luftdruck würde reichen, alles in der Fallinie des Eissturzes in die Tiefe zu schleudern – auch einen Schutzwall.

Wer nicht am Berg umkommen will, darf nicht hinaufsteigen, oder er muß sich wenigstens einschränken. Rückzüge, Verzicht gehören zum Bergsteigen. Verhältnisse, Wetter, eigenes Können und Kondition sind in ihrer Summe nicht alle Tage optimal. Wer etwas über sich erfahren will »zwischen Himmel und Erde«, gehe dorthin, wo die anderen nicht sind, und lerne seine eigene Beschränktheit kennen. Nur so sind die Berge zu befrieden und die Akteure zu retten.

Müssen wir uns, weil wir uns offensichtlich nur wohl fühlen, wenn wir zu Hunderten und Tausenden zur selben Zeit am selben Fleck sind, der sich gegen den Gipfel hin auch noch verjüngt, so lange bedrängen, gegenseitig Steine auf den Kopf werfen, uns stark fühlen, bis die Gebirge daran kaputt gehen?

Der Niedergang der Gebirge ist nicht nur ein Phänomen ihrer Verwitterung. Er hängt heute auch mit dem Herdentrieb der Menschen zusammen. Der Absturz im Gänsemarsch ist nicht nur ein erstes Anzeichen dafür, daß der Mensch den kollektiven Selbstmord sucht, er symbolisiert die Perversion von Idee und Tat. Der Grenzgänger, der seine Grenzen auslotet und respektiert, ist altmodisch und out. In ist das grenzenlose Benützen der Gebirge – Bergzauber total.

• Die Kunst, auf Berge zu steigen, ist getragen von der Spannung aus Vertrautheit und Fremdheit. Der Bergsteiger darf sich also nur in kleinen Schritten in die Wildnis vorantasten, die er unverändert zu hinterlassen hat.

• Das Können ist dabei das Maß des Dürfens. Im Gebirge gilt das Prinzip der Eigenverantwortung. Richtiges Abenteuer bedeutet immer Ungewißheit, Risiko.

• Abfallentsorgung ist selbstverständlich, wobei nur Giftmüll (Medikamente, Batterien) in die Ursprungsländer zurückmuß. Müllvermeidung und Energieeinsparung gehen beim Bergsteigen Hand in Hand.

• Respekt gegenüber Einheimischen hat mit Beobachtung zu tun, nicht mit Belehrung oder gar mit Nippes-Verteilung. Fernreisen haben mit Kolonialismus und kriegerischem Tun nichts zu tun.

• Wer daheim im Mittelgebirge ausgesperrt wird und deshalb immer weitere Reisen unternimmt, um auf seine Art im Gebirge unterwegs sein zu können, ist auf dem Holzweg. Die Ursachen der Gebietssperrungen müssen erkannt und anschließend behoben werden.

• Dem Konflikt Freizeit – Naturschutz läßt sich auch im kleinen Alpenraum aus dem Weg gehen, steigen oder klettern, wenn wir Ballungsräume meiden.

• Die Technisierung des Bergsteigens beginnt nicht erst beim Bohrhaken. Auch das Funkgerät zur Unfallmeldung gehört dazu. Wer über Funk oder Telefon auch in seiner Freizeit verfügbar sein muß, bleibe im Hotel, Auto oder Büro.

• Je mehr Komfort (Seilbahnen, Sicherungshaken, Hubschrauberunterstützung) wir fordern, um so mehr von den Alpen opfern wir.

• Pionierleistungen finden heute ausschließlich in abgeschiedenen Gebieten statt oder bei Säuberungsaktionen, wenn es dabei um den Müll geht und nicht um die Mittel, auch noch zum Gipfel zu kommen.

• Nicht das Ob, das Wie muß immer wieder neu diskutiert werden.

Die Alpen – künstliche oder unverfälschte Erlebniswelt?

Die Fermedatürme in der Geislergruppe, Dolomiten. In diesen Felsen bin ich groß geworden. Hier haben mir die Eltern den Respekt vor den Bergen gelehrt, hier habe ich mit meinen Brüdern und der Schwester gelernt, miteinander zurechtzukommen. Zuerst auf der Alm Gschmagenhart, wo wir im Sommer die Ferien verbrachten, später an den steilen Felskanten und Wänden hoch über der Waldgrenze. Unser Leben war einfach, und unsere Erfahrung wuchs mit jeder Tour. So lernte ich die Flora, die Fauna und die lokale Geographie kennen. Auch die vielen Gefahren wie Steinschlag, Blitz und Dunkelheit. Als ich zuletzt größere Gebirge aufsuchte, war mir klar, daß auch die Gefahren dort mehr und größer sein würden. Da ich aber gelernt hatte zu respektieren, was jeweils jenseits meiner Möglichkeiten lag, blieb ich am Leben, obwohl ich wiederholt und in fast allen Gebirgen der Erde in schwierige und gefährliche Situationen geriet.

oben: Bergsteigen hat mit Eigenverantwortung, Mühe und Wegsuche zu tun. Infrastrukturen im Gebirge sind Erlebniskiller.

unten: Auch in den Alpentälern ist Mobilität wichtig. Autobahnen im Gebirge allerdings bringen eine viel höhere Umweltbelastung als im Flachland.

nächste Seite, oben: Gletscher als »Arena der Einsamkeit«: Stille, Weite, Gefahr sind Werte, die untrennbar mit den Alpen verbunden bleiben müssen.

nächste Seite, unten: Bergbauernhof im Südtiroler Ahrntal: gepflegte Kultur- und »wilde« Naturlandschaft darüber nur ergeben – in der Summe – ein »harmonisches« Landschaftsbild.

rechts: Grasnarbe und Wurzelwerk sind rasch zerstört, wenn Wanderer in Massen über Wiesen und durch Wälder laufen. Es gilt also, auf den Wegen zu bleiben und überforderte Wandergebiete zu meiden. Im Hochgebirge braucht die Natur Jahrzehnte, um sich zu regenerieren.

unten: Helikoptereinsatz am Matterhorn. Von Rettungs- und Arbeitseinsätzen abgesehen, sollten Hubschrauberflüge im gesamten Alpenraum verboten werden. In der Weite der kanadischen Berge ist Heli-Skiing diskutabel, in den intensiv genutzten Alpen nicht. Denn alle Alpennutzer haben ein Anrecht auf Stille.

oben: Das Bergerlebnis beginnt dort, wo das Fahrzeug zurückbleibt, und der Touristenstrom bringt wirtschaftlichen Erfolg, wo er zum Stillstand kommt.

links: Bergwiesen am Sonnenberg im Vintschgau: Die Artenvielfalt bleibt nur dort breit gefächert bestehen, wo Wiesen wenigstens einmal gemäht und nicht intensiv genutzt werden.

unten: Moose, Steinbrech und Flechten sind Pflanzen, die sich weit über der Waldgrenze behaupten und besonders empfindlich sind. Es gilt, ihr Gedeihen nicht zu stören.

oben: Blick von Süden über die nördlichen Dolomiten. Links oben die Geislerspitzen. Dieses Landschaftsbild erhält seine Einzigartigkeit durch die vielen bizarren Felsformationen, das besondere Licht und die Unberührtheit.

linke Seite, oben: Erosion auf einer überstrapazierten Almfläche. Wanderer und Bergsteiger sind die Urheber der tiefen Gräben, die Sturzwasser in viel begangene Almböden graben.

linke Seite, unten: Wandergruppe mit Hund am Gletscher. Im Hintergrund das Matterhorn. Je länger die Kolonnen der Wanderer im Gebirge sind, desto weniger Raum ist für Stille und Erhabenheit. Auch das Erfahrungspotential nimmt mit der Menge der »Touristen im Gänsemarsch« ab.

rechts: Bergsteigen ist auch Maßnehmen. Wer aber mit der Seilbahn oder dem Helikopter ganz hinaufkommt, weiß nicht, wie groß und gefährlich Gebirge sind.

unten: Disney World bietet eine Reihe von Als-ob-Gefahrenräumen und künstlichen Erlebniswelten. Gebirge aber müssen das Gegenstück dazu bleiben. Sonst verlieren sie ihren Wert.

nächste Seite, oben: Verkaufsstand am Stilfserjoch mit dem Ortler im Hintergrund. Stadtkultur ins Hochgebirge verpflanzt ist immer fehl am Platz.

nächste Seite, unten: Wie in der steilen Felswand ist der Bergsteiger auch auf dem Gletscher nach wenigen Metern Schwierigkeiten und Gefahren ausgesetzt. Seine Erfahrung, sein Können, seine Vorsicht nur schützen ihn davor, Schaden zu nehmen.

links oben: Kanzellift oberhalb von Sulden am Ortler. Der Erschließung der Hochalpen mit Straßen und Liften aller Art ist es genug. Behinderten und älteren Menschen sowie Kindern und Konsumenten aller Ansprüche stehen genügend Aufstiegshilfen zur Verfügung. In tieferen Lagen aber könnten Seilbahnen Straßen ersetzen.

rechts oben: Es geht nicht um ein romantisches Ideal, es geht um das Gleichgewicht in den Alpen, wie es zum Beispiel in Soglio im Bergell bis in unsere Tage bewahrt geblieben ist. Nachhaltiger Tourismus verzahnt mit Öko-Landbau könnte allerorten ein Schlüssel dazu sein.

unten: Steinböcke im Gran Paradiso. In den Alpen sollen weder Mensch noch Tier zur Schau gestellt werden. Es muß aber Raum für alle geben: die heimische Tierwelt, die Bergbewohner und die erholungsuchenden Gäste.

oben: »Touristenburgen« im Adamellogebiet. Hier ist alles verkehrt: die Architektur, die Art der Erschließung, das Ziel der Einheimischen. Die Ausbeutung einer Landschaft aber rächt sich am Ende.

unten: Massen-Basislager an den Gasherbrums im Karakorum.

oben: Schneekanonen müssen oft den fehlenden Winterschnee ersetzen. Wenn genügend Wasser vorhanden ist und mit dieser Technologie die sukzessive Verschiebung der Wintersportanlagen nach oben verhindert werden kann, ist dies ein akzeptabler Kompromiß. Denn die globale Erwärmung schreitet fort.

links: Sérac-Gürtel in der Nordflanke des Nanga Parbat. Da eigenständiges Bergsteigen inzwischen auch im Himalaja von kommerziellen Expeditionen verdrängt wird, bleiben solche Routen die »Arena der Einsamkeit«.

oben: Bergsteiger im Klettersteig am Kesselkogel in der Rosengartengruppe, Dolomiten. Je besser Kletterwege präpariert sind, um so überlaufener werden sie sein.

linke Seite, oben: Sauerstoffflaschen am Everest-Südsattel – der höchsten Müllhalde der Welt. Selbstbeschränkung in den Mitteln und Zielen hat »heile Berge« und bei der nötigen Vorsicht auch »heile Akteure« zur Folge. Mehr Respekt vor der »Wildnis« täte uns Bergsteigern gut.

linke Seite, unten: Biwakschachtel am Crozzon di Brenta, Dolomiten. Den zweihundert Jahren Erschließung der Alpen muß eine Wertediskussion zur Rettung der letzten Gefahrenräume folgen.

oben: Klettersteig in der Brenta. Dem Wunsch nach mehr Klettersteigen zu entsprechen würde in letzter Konsequenz die Erschließung aller Felsen mit Leitern bedeuten. Wenigstens in den Hochgebirgen sollten aber keine weiteren Infrastrukturen entstehen.

unten: Klettertürme auf einem Fabrikgelände im Ruhrgebiet, Duisburg, Deutschland. So sinnvoll es ist, die Ruinen ehemaliger Industrieareale mit neuen Inhalten zu füllen, so falsch wäre es, die Alpen in präparierte Erlebniswelten umzugestalten.

Rettet die Alpen

Mein erstes Buch, »Zurück in die Berge«, habe ich als fünfundzwanzigjähriger Aussteiger geschrieben. Meine Verweigerung richtete sich aber nicht gegen den Staat und die kapitalistische Welt, sie suchte sich jenseits von Datennetzen und Polizeigesetzen eine Existenz, ein Reservat zur Selbstäußerung. Mein alternatives Denken lenkte meine Lebensweise – eine von den inneren Bedürfnissen bestimmte Lebensweise, die durch etablierte Kräfte überall behindert schien.

Ich stehe nach wie vor zu diesem »Zurück in die Berge«, das, obwohl längst vergriffen, noch immer da und dort zitiert wird. Obwohl die Alpinistik anders vorwärtsging, als ich es gewünscht habe, fühle ich mich mitverantwortlich für das Morgen.

»Unsere Krise ist die Krise des Sattseins«, schrieb ich damals. »Wer kennt nicht das Gefühl, im Wohlstand zu ersticken?« Ich wollte allerdings nie kaputtschlagen, was mich kaputtmachte. Ich konnte nur meinen Weg gehen. Das Bergsteigen war mein erster Schritt dazu.

Mir geht es hier weniger um eine politische Antwort auf die Moralfrage vom Dürfen im Verhältnis zum Können des Menschen. Die Probleme der Überbevölkerung und des wachsenden Ressourcenverbrauchs, einer zu hohen Beschleunigung der Innovationsprozesse und

Man schwärmt in die ganze Welt hinaus. Die unzugänglichsten Landschaften (wie Dschungel, Gebirge oder Wüste) werden zu den neuen Stadien der Moderne, wo der Mann ohne Eigenschaften mit der Legende per du verkehrt, seine Kräfte aufs alleräußerste anspannen und sein Leben symbolisch in die Waagschale werfen kann, um endlich jenen Sinngewinn zu erzwingen, der seinem Leben Erfüllung bringt.
David Le Breton

weltweiter Globalisierung können wir Bergsteiger allein nicht lösen. Weder auf die globale Erwärmung noch auf das Management der Biosphäre oder das Transitproblem in den Alpen werden wir wesentlichen Einfluß haben. Letzteres wird noch gravierender werden, weil die europäische Wirtschaftsentwicklung auf mehr Verkehr aufbaut und die West-Ost-Transitachse zum Süd-Nord-Verkehr durch die Alpen hinzukommt.

Nicht nur der Mensch zerstört Natur, wenn er seine Natur entfaltet, die Naturzerstörung gehört zum Natürlichsten der Welt. Der Zynismus dabei: Sollte der Mensch meinen, er könne die Natur endgültig zerstören, übernimmt er sich. Die Natur hat ein schier unerschöpfliches Erneuerungspotential.

Mein Anliegen ist nun nicht, den Untergang des Bergsteigens zu verkünden oder einen Verhaltenskodex für »richtiges Bergsteigen« vorzulegen. Ich möchte die Berge zeigen, wie wir sie heute vor uns sehen, und Überlegungen anstellen, wie wir aus einer unpolitischen, nur der Freiheit der Berge verschworenen Naturschwärmergemeinschaft zu Alpinisten mit ökologischer Eigenverantwortung werden. Wir dürfen ohne Umweltkomplex bergauf, bergab steigen, sind weder »Alpenkonsumenten« noch »Naturnützer«, müssen aber lernen, uns im Drang hinaus in die Natur einzuschränken, wenn wir die Alpinistik retten wollen. Weil wir so viele geworden sind!

Die Alpen sind groß genug, und vielleicht wäre es nicht der schlechteste Weg, wenn sich das Zukunftskonzept des reinen Spaßurlaubes in den Bergen an wenigen Punkten kristallisierte. Dann könnten die einen bei Go-go-Girls in der Diskothek zu Techno-Schlägen den Winter vergessen und die anderen ihn in aller Stille genießen. Und dann wird sich vielleicht zeigen, daß zwei konträre Welten friedlich nebeneinander existieren können.
Jakob Strobel y Serra

Obwohl der Eroberungs- und Enthaltsamkeitswahn im Gebirge aufhört, titanische Gipfelsiege und das Bergbahnfieber suspekt werden – die Touristenflut nimmt zu. Mit Heimatromantik sind weder die Naturlandschaft noch der Zusammenbruch der Berglandwirtschaft aufzuhalten. Deshalb fordere ich für die Alpinisten eine Pionierrolle, wie wir sie bei der touristischen Erschließung der Alpen innehatten, nur mit umgekehrtem Vorzeichen. Es geht um die Verantwortung für den Schutz der Gebirge.

Wir können und wollen nicht zurück in ein früheres Zeitalter. Die Mobilität allerdings, die eine Erschließung von Berggebieten durch Bahnen und Straßen fordert, muß, da sie die Ursache der meisten Umweltschäden außerhalb der Siedlungsräume ist, in Frage gestellt werden. Dabei geht es nicht nur um das Überleben möglichst vieler Pflanzen- und Tierarten, es geht auch um die Werte Größe, Stille, Harmonie und Gefahr, ohne die das Gebirge für uns wertlos ist.

Als unvorstellbar gilt, der Mensch könne sich aus freiem Entschluß zurückziehen. Grenzen sind dazu da, überschritten zu werden. Dies gilt als Lehrsatz und als Schicksal, am unerbittlichsten bei denen, die von Freiheit sprechen; den furchtbarsten Widerspruch zu ihr, der in einem Zwang zum Überschreiten steckt, bemerken sie nicht. Freiheit wäre da, wo wir an einer Grenze sagten: Es ist genug. Es reicht uns. Dies ist meine Utopie, und sie ist so gut wie jede andere. Wie sieht es aus an einem Ort, von dem der Mensch sich wieder zurückgezogen hat? Friedlich und schön. Der Boden besteht aus Moosblüten, die zwischen runden grauen Steinen wachsen.
Alfred Andersch

Die Freiheit, aufzubrechen, wohin ich will

Die Frage, die mir häufiger als jede andere gestellt wird, ist die Frage nach dem Warum. Ja, warum steigt einer auf den Mount Everest? Allein, ohne Sauerstoffgerät, im Monsun? Niemand hat mich dazu gezwungen – außer ich selbst. Ich war besessen von dieser Idee, einer Möglichkeit der Auseinandersetzung zwischen dem Berg und mir. Nein, ich suchte keinen Kampf, keinen Sieg; und mein Obensein war nicht Eroberung im herkömmlichen Sinn. Ich war nur da, wo ich hinwollte.

Ich weiß, dieses mein Tun ist nicht produktiv, es ist nur möglich. Nutzlos, mißt man es mit profanen Maßstäben, und gefährlich für den einzelnen, sieht man in einem frühen Tod ein Unglück. In einer Gesellschaft, die Produktivität und Gewinn zum Maßstab des Wohlstandes erhoben hat, ist es absurd, auf den Mount Everest zu steigen: Da oben wächst nichts, kein Öl ist zu holen, auch kein Gold. Trotzdem, gerade dort wollte ich hin, obwohl ich mich so hoch oben nicht wohl fühle. Vielleicht, weil ich in dieser lebensbedrohenden Wildnis viele meiner Fähigkeiten ausdrücken kann, vielleicht auch, weil mir als Grenzgänger zwischen Leben und Tod wesentliche Erfahrungen zuwachsen. Nein, ich suche da oben nicht ein frühzeitiges Ende, ich fordere mein Leben. Bergsteigen als »Widerstand gegen den herausgeforderten Tod« (Gottfried Benn) muß von einer Produktionsgesellschaft, die auch Kunst und Freizeit nach den Marktgesetzen von Angebot und Nachfrage beurteilt, mißverstanden werden als eine Lebensform im Abseits.

Die Geschichte des Lebens auf der Erde ist vor allem die Wirkung eines wahnwitzigen Überschwangs: Das beherrschende Ereignis ist die Entwicklung des Luxus, die Erzeugung immer kostspieligerer Lebensformen.
Georges Bataille

Mir persönlich stellt sich die Frage nicht so. Ich teile mein Leben nicht in Arbeit und Freizeit ein. Ich konsumiere weder mein Leben noch irgendwelche Güter; ich fülle mein Leben aus. Tag für Tag. Ich glaube nicht, daß der Mensch irgendeine Bestimmung hat, den Inhalt des Lebens erfinde ich mir selbst.

Warum geht einer dann doch an die Grenzen seiner Leistungsfähigkeit? Vielfach aus denselben Gründen, aus denen jemand überhaupt Leistung sucht. Aus Ehrgeiz, aus Eitelkeit, aus Lust. Ja, auch Lust an der Leistung. Wenn die Grundbedürfnisse des Lebens befriedigt sind, bleibt uns Zeit und Kraft zu spielen. Unsere Energien, unsere Ideen, unsere Fähigkeiten auszuspielen. Wer dabei die größten Forderungen an sich selbst stellt, sucht seine Leistungsgrenze. Das bringt ihm auf einem Gebiet vielleicht Ruhm – in der Kunst, im Sport, in der Politik –, auf einem anderen Gebiet mehr Geld – in der Industrie, im Handel, in der Technik –, vielfach erntet er beides. Vor allem aber erntet er Selbstbefriedigung, Selbstwertgefühl, Lebenslust. Ich persönlich glaube nicht, daß die Hoffnung auf Ruhm und Geld ausreicht, einen Menschen bis zur persönlichen Leistungsgrenze zu fordern. Auch sind mir Leute zuwider, die sich »aufopfern«. Für was auch immer: für die Familie, für die Firma, für einen Verein. Ihr »Idealismus« ist mir suspekt. Wer als Leistungsmensch nicht mit Begeisterung an seinem Platz steht, der steht am falschen Platz.

Jedes meiner Abenteuer ist ein Einsatz wider die Nützlichkeit. Sosehr ich davon überzeugt bin, daß das Bergsteigen »die Eroberung des Nutzlosen« ist, sosehr zweifle ich an der Nützlichkeit menschlichen Tuns. Was bringt im Endeffekt der menschlichen Gesellschaft oder, noch fraglicher, dem Kosmos Nutzen und was Schaden? Ich brauche für mein Tun keine allgemeingültige Rechtfertigung – es muß nur mir wichtig sein. Dabei unterliegt alles Tun, ob nützlich oder nicht, denselben Gesetzmäßigkeiten. Erfolg hat nur, wer

Die Freiheit gilt als das höchste Gut, die Crux ist anscheinend nur, daß nicht jedermann und jedefrau mit diesem Gut so umgeht, daß damit die Freiheit des anderen nicht gefährdet ist. Also bedarf es der Beschränkungen, auch im Gebirge, in dem doch die Freiheit wohnen soll. ›In Fällen, wo es für das Überleben von Arten oder zum Schutz von Biotopen unerläßlich ist, muß es Betretungsverbote geben. Daneben muß es aber auch Gebiete geben, in denen sich rücksichtsvolle Bergsteiger frei bewegen können.‹ Das ist die Sprache, erfahrbar im Faltblatt ›Helfen wir den Alpen‹.
Willi Schwenkmeier

sich mit einer Sache identifiziert, wer 100 und nicht nur 99 Prozent richtig macht. Zudem ist der Erfolg nicht nützlicher als das Scheitern, er löst nur andere Empfindungen in uns aus. Und bringt meist Anerkennung. Allerdings bezweifle ich, daß die Aussicht auf diese Anerkennung, in welcher Form auch immer (Lob, Geld, Medaillen), ausreichen würde, mich den Anstrengungen und Gefahren einer Expedition auszusetzen, die stets zu meiner eigenen Leistungsgrenze führt.

Es gibt etwas im Menschen, das ich einmal bezeichnet habe als die ›Trotzmacht des Geistes‹ gegenüber Ängsten und Schwächen der Seele. Der Kampfsport kennt Konkurrenten und Rivalen; der Alpinist konkurriert und rivalisiert nur mit einem, und das ist er selbst. Er verlangt etwas von sich, eine Leistung, auch eine Verzichtleistung – wenn nötig.
Viktor E. Frankl

Mindestens die Hälfte meines Lebens ist vorüber, und ich fordere mich immer noch. Ich frage mich allerdings nicht mehr, warum. Erst wenn ich von einer Idee besessen bin, breche ich auf. Sie muß mich sprengen, tragen, fordern. Ich frage mich dann nicht mehr nach Gewinn und Verlust; die Neugierde ist mein Treibstoff, die Leistungsgrenze wird nicht gesucht, sondern erreicht. Bis hierher und nicht weiter! Ich frage mich dabei auch nicht, ob es sich wieder lohnt, mich bis zur Grenze einzusetzen, mich so zu engagieren. Ich tue es. Dabei all die Hoffnung und Verzweiflung zu spüren, derer ein Mensch fähig ist, die Angst zu fühlen, sowohl Kraft als auch Schwäche zu erleben, das alles hilft, dein Menschsein ein bißchen zu relativieren, deine Persönlichkeit zu entwickeln. Erfahrungen mache ich in erster Linie, wenn ich mich bis an meine Grenze verausgabe, nicht wenn ich riskiere.

Wie viele von uns werden zur Leistungsgrenze getrieben! Der sportliche Wettkämpfer von der anfeuernden Zuschauermasse, der Angestellte vom vorgegebenen Soll, der Freiberufler von den Konkurrenten. Diese Fremdbestimmung ist ein Syndrom unserer Zeit. Gestern war sie noch nicht so groß. Ich denke nicht, daß es die Absicherungen in der modernen Wohlfahrtsgesellschaft sind, die uns an die Leistungsgrenze treiben oder locken. Es sind vielmehr Mechanismen der Wirtschaft und des Sports. Der Konkurrenzkampf unter den Menschen wird zusehends härter – die Menschheit wird ja auch immer größer. Es ist schwierig, sich von diesen Zwängen freizuschwimmen.

Die Kraft, frei zu sein, hängt mit der Intensität unserer »Träume« zusammen. Realität und Traum können deckungsgleich werden. Du denkst dir etwas aus, hast eine Idee und bist später fähig, diese in der Realität zu leben. Das gibt ein Gefühl des Einsseins von Geist, Körper und Kosmos. Selten habe ich so viel innere Harmonie verspürt wie nach einer Erstbegehung, die ich genau nach meinen Vorstellungen verwirklichen konnte. Die gekletterte Linie, der schöpferische Akt dabei, macht mich frei. Oft kam ich mir dabei vor wie ein Architekt oder ein Maler. Keinen Augenblick lang die Notwendigkeit, mein Tun legitimieren zu müssen. Diese gekletterte und trotzdem nur denkbare Linie in der Wand, meine Route, war ein Beweis meines Geistes.

Ich meine, man sollte in der Stadt Berge aufstellen. Von wo sollten die Leute sonst herunterfallen?
Laurie Anderson

Ich versuche immer wieder, neue Ideen zu verwirklichen, auch mit dem Risiko des Scheiterns dabei. Also Leistungswille, nicht Leistungsdruck. Der Mut zum Egoismus ist die Voraussetzung für diese »freie« Lebenshaltung. Das gilt für den Arzt ebenso wie für den Forscher oder den Unternehmer. Es ist Unsinn anzunehmen, daß ich andere durch meinen persönlichen Leistungswillen herabsetze. Ich beunruhige sie vielleicht damit. Ich will mit meinem Tun nicht den anderen überlegen sein, sondern an mich möglichst hohe Anforderungen stellen. Ich möchte Initiator und Akteur meiner Unternehmungen bleiben. Die immer relative persönliche Freiheit wächst weniger mit dem, was man von anderen zu erwarten hat, als vielmehr mit dem, was man von sich selbst fordert.

Nicht wer die Grenzen überspringt, die in uns liegen, ist verrückt, sondern wer sie negiert, wer die Grenzen der Natur nicht anerkennt. Ich plädiere für Mut, nicht für Größenwahn, für Selbstforderung, die adelt, und nicht für jene hehren Phrasen, mit denen sich eine Berg-Heil-Gesellschaft beweihräuchert. Für diese »elitäre« Lebenshaltung erwarte ich keinen Applaus. Ich erwarte auch kein Einverständnis. Ich erwarte Widerspruch und nehme mir weiterhin die Freiheit, aufzubrechen, wohin ich will.

Der sanfte Tourismus

Es ist unglaublich. Aber es ist wahr. Unser Wohlstandsmüll liegt inzwischen auch dort, wo die Weit am wildesten ist, im Himalaja. Schuld daran ist der Massentourismus. Das heißt wir selbst. »Der Everest ist von unten bis oben mit Schrott übersät und mit ein paar Leichen dazu«, sagt der Erstbesteiger Sir Edmund Hillary.

Vor bald fünfzig Jahren, als der höchste Berg der Erde zum ersten Mal bestiegen wurde, war der Gipfel noch sauber, Nepal ein intaktes Land. Später stand am Gipfel ein Aluminiumstativ (Chinesen haben es 1975 dort verankert), heute ziert ihn Müll. Auch auf dem Südsattel in 8000 Meter Meereshöhe ist der Weg mit Metall und Nylon markiert: eine Unzahl leerer Sauerstoffflaschen, Zeltreste, Eispickel, Konservenbüchsen und Steigeisen. Der höchste Müllplatz der Welt! Am Fuße des Berges, auf dem Toteis des Khumbu-Gletschers, ist die Luft zwar nur halb so dick wie an der Adria, die Abfallhaufen aber sind größer. In den vergangenen fünfzig Jahren haben Hunderte von Expeditionen dort ihre Basislager erstellt. Es ist ein Jammer: Über einige Quadratkilometer verteilt liegt der Dreck von einigen tausend Fernreisenden, die häufig nur hinauf und heim wollen. In bunten Halden türmen sich die Kulturzeugen aus einer anderen Zivilisation. Die Sherpas und Tibeter aus Solo Khumbu kommen mehrere Tagesmärsche weit angewandert, um Büchsen und Plastikcontainer einzusammeln. Sie benutzen sie daheim zum Kochen und Wasserholen.

Sanfter Tourismus ist die Quadratur des Kreises, eine Form des Reisens, die für alle Beteiligten bei den geringstmöglichen Kosten den größtmöglichen Gewinn bringt, ökonomisch, kulturell, sozial und ökologisch. Er soll wirtschaftlichen Gewinn bringen, die Umwelt schützen, die Kultur bewahren und schließlich auch noch die Touristen zufriedenstellen. In der Realität sieht Tourismus bislang ganz anders aus.
Jost Krippendorf

Mitte 1980 hat der Deutsche Alpenverein in München eine Himalaja-Konferenz inszeniert, mit Wissenschaftlern, Bergsteigern und Tourismusfachleuten aus aller Welt. Man hat endlich darüber geredet, wie der Himalaja gerettet werden könnte. Dabei waren, wie bei den Reisenden in Katmandu, zwei Gruppen zu unterscheiden. Die einen, meist mit Rucksack auftretend, braungebrannt und fröhlich, schwärmten für Trekking und die Berge. Die anderen, meist blaß und mit erhobenem Zeigefinger, waren besorgt und gegen jeden Himalaja-Tourismus.

Ich behaupte, daß wir das eine mit dem anderen in Einklang bringen können. Wir haben das Recht, den Himalaja zu besuchen, wir haben aber gleichzeitig die Pflicht, uns dort so zu verhalten, daß keinerlei Schäden bleiben. Das nennt man dann »sanftes Reisen« oder auch »Öko-Tourismus«.

Ich weiß, daß diese Forderung spät kommt. Aber nicht *zu* spät. Der Tourismus ist für die Himalajaländer eine wesentliche Einnahmequelle, vielerorts der wichtigste Devisenbringer überhaupt. Der Himalaja ist umgekehrt für viele von uns ein einmaliges, ein besonderes Stück Erde, in dem wir unser Menschsein erfahren können. Wie sollen wir die Naturgesetze kennenlernen, wenn es keine reißenden Flüsse, keine Gletscher, keine unberührten Weiten und Höhen mehr gibt?

Die gesamte Geschichte der Menschheit ist in ökologischer Perspektive eine ständige Auseinandersetzung um die richtige Balance zwischen der Notwendigkeit der Naturveränderung zum Zwecke des Überlebens und der Gefahr, diese Naturveränderungen nicht mehr kontrollieren zu können.
Werner Bätzing

»Raubt dem Himalaja nicht seine letzten Geheimnisse«, hat Oswald Oelz in München gefordert. Markierte Wanderwege, Schutzhütten und Seilbahnen wären dort ein Unsinn. Das vorhandene Kartenmaterial ist gut und reicht aus. Viel wichtiger als alles andere ist die Erkenntnis, daß jeder all seinen Müll wieder mit ins Tal bringt, daß er die Menschen und die Kultur des Gastlandes respektiert und daß er deren Energiereserven nicht angreift.

Die Katastrophe der rapiden Entwaldung des Himalajas hat zwar ihren Ursprung in der Überbevölkerung, durch den Brennholzverbrauch der Bergsteiger aber wird sie verschärft. Das Wasser dort ist vielfach verseucht, voll mit Krankheitserregern; wirft aber jede Expedition alle übriggebliebenen Chemikalien und Medikamente in den Gletscher, dann ist es bald vergiftet.

Seit Jahren schon koche ich bei meinen Expeditionen mit Gas, den Müll verbrennen wir oder tragen ihn zurück in die Städte. Nur verwesliche Naturprodukte werfen wir in Gletscherspalten. Die Eisströme zermürben alles, sie sind wie Müllverwertungsanlagen. Die Sherpas sind schon seit Jahren nicht mehr meine Hochträger; ich gliedere sie als gleichwertige Mitglieder in meine Expeditionen ein. Wir respektieren ihre Bräuche und Götter. Am Kangchendzönga, dem dritthöchsten Berg der Erde, bin ich wenige Meter unter dem Gipfel stehengeblieben, um die Gefühle der Sherpas gegenüber der »Heiligkeit dieser Bergspitze« nicht zu verletzen. Nichts währt kürzer als ein paar Fußabdrücke auf dem Gipfel eines Berges. Der Wind, der Schnee decken sie zu.

Seit bald zwanzig Jahren werbe ich in meinen Büchern und Vorträgen für ein Bergsteigen »by fair means«. Es geht mir dabei nicht nur um ein Bergsteigen mit einfachen Mitteln, um das menschliche Maß. Es geht mir auch um die Ökologie. Wenn ich auf die Sauerstoffflasche verzichte, komme ich gar nicht in die Versuchung, sie oben liegenzulassen. Nur wenn der gesamte Himalaja wie ein Naturpark respektiert wird, bleibt er faszinierend.

Wir erobern diese Welt nicht. Die Täler, die Gipfel, von denen wir geträumt haben, betreten wir nur kurz. Und verlassen sie so, wie wir sie vorgefunden haben, im Idealfall so, wie sie seit vielen Jahrtausenden sind: als eine Urlandschaft, die alle Gesetze dieser Erde in sich birgt, als einen geheimnisvollen Raum zur Befriedigung unserer »religiösen Bedürfnisse«. Meditation und Aktion sind dort gleichermaßen möglich. Der Himalaja ist im tiefsten Sinne des Wortes ein heiliges Gebirge.

Die Auferstehung des Dinosauriers

Nach den großen, national gefärbten Expeditionen der fünfziger Jahre und der Eroberung der großen Achttausenderwände schien der Expeditionsstil im Himalaja überholt. Die Kleinexpedition wurde Mode. Im Alpenstil gelangen eine Reihe extrem schwieriger Routen an Sechstausendern, großartige Anstiege auf Siebentausender, Überschreitungen von Achttausendern.

Ein wichtiges Merkmal des umwelt- und sozialverantwortlichen Tourismus ist, daß die Reisenden selbstbestimmt reisen. Sie brauchen keine Führung. Das ist nicht nur ein gradueller, sondern ein grundsätzlicher Unterschied. Der Tourist soll selbst initiativ werden, soll Interesse zeigen, sich aber zugleich in Zurückhaltung üben, wo es angebracht ist. Das ist nicht der Tourist, den wir aus aller Welt kennen, der fremde Konsument an einem fremden Ort, der sich sehr unsicher bewegt und dem Fähnchen des Reiseleiters nachläuft.
Jost Krippendorf

Plötzlich, als die höchsten Berge der Welt zum Touristenmagneten geworden waren, begann ein neuerlicher Massenauftrieb zum Dach der Erde. Im Windschatten aufwendiger und dementsprechend teurer Expeditionen, die in den aufstrebenden Industrienationen zwischen Südafrika und Korea, zwischen Malaysia und Argentinien als nationale Prestigeaktionen auf die Beine gestellt werden, steigen all die Reisegruppen über bekannte und ausgetretene Pisten, die ausgezogen sind, die »Herausforderung Himalaja«, zu erleben. In der immer länger werdenden Menschenschlange treffen wir auch jene, die in kleinen Gruppen oder sogar als Einzelgänger daheim aufgebrochen sind und die sich, wieder daheim, für die erste Alleinbegehung oder Alpenstilbesteigung eines Achttausenders durch einen Buxtehuder feiern lassen. Die dunkle Seite unseres Ehrgeizes und der überforderte Chronist, der nur noch die Toten zählen kann, haben aus einer belebenden Idee den Anfang vom Niedergang des Höhenbergsteigens gemacht. Der Dinosaurier ist auferstanden, die Kleinexpedition geht unter oder flüchtet sich in jene Winkel, wo Kommerz und Möchtegerne nicht hinkommen.

Die beiden Everest-Basislager, per Satellit weltweit vernetzt, sind nicht mehr Fluchtpunkt zivilisationsmüder Aussteiger, sondern Schaltstellen von internationalen Events, wo nationale und private Heldenspiele vermarktet werden, die gar keine sein können.

Die Sherpas, einst Wasserträger der Sahibs, sind längst zu den Schlüsselfiguren dieser Monsterexpeditionen geworden, als Vorausspurer, Führer und Animateure sind sie unersetzlich. Trotzdem sind die meisten von ihnen schlecht bezahlt für eine Arbeit, die viel mehr Risiken birgt als der Aufstieg all jener Klienten zusammen, die nach Akklimatisation ihren Berg nahezu geschenkt bekommen.

Auch all jene, die Achttausender im Dauerlauf unter sich bringen, haben meine Anerkennung nicht, solange sie sich nicht unberührtes Terrain aussuchen. Wir werden sie auch am Ende der Welt nicht aufhalten können, die Wettläufer und Gruppenreisenden, die das »Fridtjof-Nansen-Gedächtnisrennen durch Grönland« oder den »Aleister-Crowley-Horrortrip zum K2« benutzen, um ihre sonst langweiligen Bergferien vor einer unkritischen Öffentlichkeit wichtig zu machen. Wir können ihre Rummelplätze nur meiden und dorthin gehen, wo all die anderen nicht sind.

Nein, es braucht keine Regeln für das Höhen- und Expeditionsbergsteigen, es braucht nur die Bereitschaft, in Eigenverantwortung und mit sowenig Aufwand wie möglich dorthin zu gehen, wo der organisierte Tourismus nicht zu verantworten ist. Raum dafür wird es immer geben, solange unser Ehrgeiz in erster Linie darin besteht, keine bleibenden Spuren zu hinterlassen.

Der Bungeejumper und all die anderen, die kurz mal ihren Mut erproben, haben nur Angst, bevor sie springen. Das Springen ist ein erlösender Moment. Sie schweben, ja, aber Geschicklichkeit, Ausdauer, Mühe sind nicht gefragt. Viel zuviel Technologie, zuviel Umweltzerstörung für einen kurzen Nervenkick.
Reinhold Messner

Der letzte Kick

Die Kletterer haben in den letzten Jahren viel Kritik geerntet. Aber sie machen die Gebirge nicht kaputt mit ihren Händen und Füßen. Bei den Fun-Sportarten ist es anders, denn diese verwandeln Gebirge zum Disneyland: Haken und Technologie kommen damit ins Gebirge. Nur für ein bißchen Nervenkitzel. Dazu ist der Berg nicht da. Bungeejumping oder Wallrunning hat mit Bergsteigen oder Klettern nichts zu tun. Ich erfahre keine Grenzen, wenn ich am Seil irgendwo runterspringe oder ins Netz. Nur die Summe von Schwierigkeiten, Anstrengungen, Ausgesetztsein und Gefahr ergibt den Grenzgang. Heute aber wollen sich immer mehr diese Momente kaufen. Bungeejumping kann man kaufen, weil es im Katalog angeboten wird, das Abseilen durch die Schlucht, ja den Mount Everest als Höhepunkt der Eitelkeit. Den Fun-Sportlern geht es nicht allein um den Nervenkick, es geht wie immer um die Eitelkeit. Aber kaum einer steht zu dieser unserer menschlichen Schwäche.

Richtlinien für Tourismusunternehmer in den Alpen

• Die herkömmliche Förderung der Berglandwirtschaft greift nicht mehr. Wie soll Landwirtschaft im Gebirge betrieben werden, wenn die Rentabilität mit der Technisierung und Industrialisierung sinkt? Einen Ausweg bietet die Ökologisierung der Landnutzung und der Agrarpolitik.

• Durch eine Verzahnung von Landwirtschaft und Tourismus kann langfristig beides gerettet werden: die kleinräumige alpine Kulturlandschaft und die noch nicht erschlossene Urlandschaft, das Hochgebirge.

• Erst mit der technischen Revolution steigt das zerstörerische Potential des Menschen. Gebirge müssen davon verschont bleiben, soweit es nicht um die Energiegewinnung oder den Abbau von Bodenschätzen geht.

• Auf eine weitere Erschließung der Hochgebirgsregion für das reine Freizeitvergnügen (Skifahren, Wandern, Biken, Klettern) muß verzichtet werden. Die Zahl von Aufstiegshilfen, Beschneiungsanlagen, Pisten, Zufahrts- und Abfahrtswegen muß begrenzt werden.

• Heli-Skiing und Ultraleichtfliegerei sollten verboten werden.

• Großveranstaltungen müssen auf Gebiete mit vorhandener Infrastruktur beschränkt werden.

• Durch Kontigentierung und Preisgestaltung könnten Anreize für längere Aufenthalte in den Bergen geschaffen werden. Die Tages- und Wochenendausflüge ins Gebirge sollten reduziert werden.

• Kapazitätsgrenzen müssen respektiert, in erschlossenen Regionen muß das Gleichgewicht zwischen Fremdenbetten und Einwohnerzahl berücksichtigt werden. Auch die Anzahl von Zweitwohnungen in Feriengebieten sollte begrenzt werden.

• Es müssen ortsbezogene und langzeitwirksame Projekte initiiert und gefördert werden, die in strukturschwachen Gebieten bei der betroffenen Bevölkerung sinnvolle wirtschaftliche, soziale und kulturelle Entwicklungen einleiten.

• Da es ein alpenweites Verzeichnis umweltverträglicher und sozialverantwortlicher Tourismusangebote nicht gibt, wäre die Aufstellung und Beachtung derartiger Kriterien ein wichtiger Schritt.

Richtlinien für Alpenurlauber

- Der Reiseaufwand muß in vernünftigem Verhältnis zur Erholung stehen.

- Das Auto ist als Autonomiegarant das beliebteste Anreisemittel für Bergsteiger, muß aber nicht das einzige bleiben. Seine Selbstbeweglichkeit darf nicht zur Fahrt in die Fahrt verleiten.

- Das Auto als Privathöhle mit Blick auf die Berge dient weder der Meditation noch der Erbauung, sondern nur der Umweltzerstörung.

- Es wäre sinnvoll, Fahrgemeinschaften zu bilden.

- Fahrverbote gelten auch auf Forst- und Almstraßen.

- Autos gehören auf Parkplätze. Das gilt auch im Gebirge.

- Beim Wandern auf Steigen bleiben und keinen Lärm machen.

- Almen und Tierherden sind als fremdes Eigentum zu respektieren.

- Sennerin und Senner sind weder Exoten noch Bedienung. Bergwanderer oder -steiger sind nicht dazu berufen, sie über ihre Arbeit aufzuklären.

- Tiere dürfen nicht belästigt und schon gar nicht erschreckt oder versprengt werden.

- Hunde sind an der Leine zu führen.

- Viehtränken dürfen nicht verschmutzt werden. Tränktümpel sind keine Badewannen.

- Abfälle und andere Spuren sind sorgfältig zu beseitigen. Auf Almgelände vor allem keine Flaschen oder Plastikgegenstände liegenlassen.

- Auch keine Steine auf die Wiesen oder Weideflächen werfen. Alle Gatter wieder schließen.

- Wälder in Verjüngungs- und Aufforstungsgebieten sind zu meiden.

- Bei zufälliger Begegnung mit Wildtieren ist jeder Lärm zu vermeiden und jeder Annäherungs- und Verfolgungsversuch zu unterlassen.

- Markierte Wege dürfen nicht verlassen werden.

- Abkürzungen über grasbedecktes Gelände sind zu vermeiden.

- Die Fußgängergeschwindigkeit entspricht unserem kognitiven Wahrnehmungsvermögen und gilt als allgemeinverträgliche Geschwindigkeit aller Berggeher, -steiger, -radler.

- Im Wald müssen – soweit vorhanden – Forstwege für Auf- und Abfahrt mit dem Mountainbike benutzt werden.

• Im Vegetationsbereich ist das Querfeldeinwandern, -radfahren und -klettern ein Sakrileg.

• In Hochwaldregionen möglichst nicht bei Dunkelheit auf- oder absteigen bzw. diese queren.

• Auch als Alpenurlauber kann man bewußt dem drohenden Zusammenbruch der Berglandwirtschaft entgegenwirken. Bei Weitwanderungen sollte man Tagesetappen von Bauerndorf (Weiler) zu Bauerndorf einplanen, damit der ökonomische Beitrag vor Ort bleibt. Moderne, ökologisch problematische Strukturen in Höhenregionen sollten gemieden werden.

• Unser Respekt gilt allen Bergbewohnern. Toleranz bringen wir allen anderen entgegen, die neben uns unterwegs sind.

• Bei Rast, Verweilen und Verzehr sozioökologische und sozioökonomische Konsequenzen bedenken. Man sollte Lebensmittel aus einheimischer Produktion bevorzugen.

• Nur ein dezentraler, sozial- und umweltverträglicher Tourismus kann eine weitere Verbauung hier und die Entvölkerung dort noch stoppen.

• Städte sollten wieder als Lebens- und Arbeitsräume verstanden werden. Dabei muß man der strikten Trennung von Wohnen, Arbeiten und Freizeit entgegenwirken. Sowohl die Freizeitwelt daheim als auch die in der Wildnis draußen sollten als Lebenswelt begriffen werden.

• Mein Leitbild für den Bergsteiger heißt nicht besser, stärker, schöner, schneller, fitter. Bergsteigen ist Ausdruck von Wohlbefinden: sich gesundlaufen, -steigen, -klettern.

• Das Selbstvertrauen des Alpinisten fußt auf Erfahrung, Selbstbestimmtheit, Eigenverantwortung – nicht auf Muskeln, Outfit und Sonnenbräune. Auch Jodeln macht keinen Bergsteiger.

• Körperfetischisten sind mir im Gebirge suspekt. Sachlichkeit steht über allen Modetrends.

• Bergsteigen soll nicht Natur als Kompensation für Mängel bedeuten, sondern Lernhilfe in der Natur.

• Selbstüberforderung – sei es aus Sorge, das »wahre« Erlebnis zu verpassen, oder aus Konkurrenzdenken – führt zu Aktionismus und zusätzlichen Gefahren.

• Man sollte möglichst lange in einem Gebiet verweilen, um eine Beziehung zum Urlaubsort, zum Berg aufzubauen.

• Die ständige Suche nach neuen Zielen und Tätigkeiten bringt keine Befriedigung.

• Wandervogelromantik oder Blut-und-Boden-Beschwörung hilft weder den Bergbauern noch gegen den Massentourismus.

• Obwohl die Mehrheit der Alpinisten sich als umweltfreundlich einstuft, poche ich auf mehr ökologische Eigenverantwortung.

• Tourenwochen, nicht Wochenendtouren ins Gebirge sind vernünftig.

• Wer auf den »Besucherlenkungsplan« in den Alpen wartet, um zu wissen, wohin er will, hat zu lange mit einer ökologischen Tourenplanung gezögert.

• Bergstationen sind immer Engpässe und deshalb zu meiden. Ausrüstung und Proviant werden im Rucksack mitgeführt.

• Es ist falsch, daß auch im Gebirge alle Plätze belegt sind, genauso wie überwiegend falsch ist, was in der Tagespresse über die Ursachen der Umweltzerstörung in den Alpen geschrieben wird.

• Da wir die Alpen umsonst bekommen haben, müssen wir erst mit Mühe lernen, sie als das zu respektieren, was sie für Europa sind: Wasser- und Ruhespeicher, leerer Raum und vor allem Zeitraum für Geist und Seele.

• Der Bergsteiger hat die hochalpine Umwelt in einem Zustand zu erhalten bzw. einen solchen wiederherzustellen, der dem Wesen des Gebirges in der Zeit vor dem Alpinismus entspricht. Die Berge sollten als Lebensschule begriffen und erhalten werden. Unser Komfort-Lebensstil ist im Gebirge untragbar. Mit dem Unterwegssein sind neue Ziele und Werte erfahrbar.

Ratschläge der Besserwisser

Der folgende Brief ist einer von vielen dieser Art, die mir in den vergangenen Jahren zugingen:

»Bei meinem ersten Urlaubsaufenthalt in Naturns vor drei Jahren war ich zum Fotografieren von Insekten auch oberhalb des Stabener Sonnenbergs. Ich war begeistert von den blühenden Wiesen voller Schmetterlinge, Gottesanbeterinnen, Käfer usw., und das kleine Stückchen Trockenrasen, das bis dahin noch der Bewässerung entgangen war, war bewohnt von Ödlandschnecken und Balzplatz der Schwalbenschwanzfalter.

Als ich nun Mitte Juni dieses Jahres wieder diese Stelle besuchte, traute ich meinen Augen nicht: keine Blumen mehr in der überdüngten Wiese, und auf dem kleinen Stückchen Trockenrasen, jetzt zum Teil bewässert, lag eine Schicht Mist. Kein Leben mehr weit und breit!

Der einstmals berühmte Stabener Sonnenberg, dessentwegen sich im Haus Gluderer Entomologen aus ganz Europa einfanden, hat nun auch das letzte bißchen Umland verloren, in das Tiere ausweichen konnten, wenn die Sommersonne den Sonnenberg zu sehr verbrannt hatte. Unverändert geblieben ist dort oben nur der Abfallhaufen des Besitzers der Wiesen, weil wohl beim besten Willen aus einer steinigen Mulde kein anderer Profit zu schlagen ist. Bezeichnend ist die Einstellung des Mähenden, den ich fragte, ob ich zum Fotografieren von Schmetterlingen auf der Kuppe seine Wiese durchqueren dürfe: ›wegen ein paar Schmetterlingen‹ solle ich ihm nicht das Heu heruntertreten. Wegen ein paar Schmetterlingen und ähnlichen Resten der einstmals so reichen Naturausstattung des Vintschgaus krümmt in Naturns (und dem unteren Vintschgau überhaupt) wohl heute keiner mehr einen Finger. Die Bäche sind leer wegen der übertriebenen Bewässerung landwirtschaftlich genutzter Flächen; nicht einmal ›Tiroler Bauerngärten‹ gibt es mehr. Es würde mich allerdings nicht wundern, wenn der Wettergott allzu habgierigen Bauern bald ganz das Wasser abdreht; vielleicht lernen sie dann doch noch, daß man auf Dauer nur mit und nicht gegen die Natur wirtschaften kann.

Im übrigen glaube ich, daß auch der Tourismus nachlassen wird. Zerstörte Natur gibt es überall – ich fahre nicht 900 Kilometer weit, wenn ich im Tal (in der Meraner Gegend sogar schon bis auf 800 Höhenmeter) durch stinkende, dauernd gespritzte Plantagen und auf den Bergen durch zerstörte Natur wandern muß. Kein Fleckchen bleibt ungenutzt; wo Kühe nicht mehr weiden können, sind es Ziegen, als wäre der Vintschgau ein armes Entwicklungsland.

Wir werden jedenfalls lieber noch einige Kilometer weiter fahren nach Südfrankreich, wo es noch Landschaften gibt, genauso schön, wie es der Vintschgau einmal vor langer Zeit war. Und Sie können sicher sein, daß ich in meinem Bekannten- und Kollegenkreis von all diesen Dingen sprechen werde. (Südtiroler Äpfel werden wir auch nicht mehr kaufen; so wie die produziert werden, schmecken sie nämlich auch!)«

Ich habe nur kurz darauf geantwortet und mir die Verachtung jenes Herrn zugezogen, der alles besser weiß. Aus meiner Antwort:

»Offensichtlich haben Sie die Hänge über Staben 1996 nur flüchtig angesehen. Von der Mühe, dort oben zu überleben, haben Sie auch wenig Ahnung. Ich habe Verständnis für Ihre Sorge, aber mit Schimpf und Vorurteilen hat noch keiner die Welt verbessert. Bitte helfen Sie handgreiflich, ein paar Quadratmeter Sonnenberg zu retten, nicht mit fundamentalistischem Geschreibsel, über das Bauern nicht einmal lachen können. Viel Energie dafür wünscht Ihnen Reinhold Messner.«

Keine zweite Natur

Seit der Aufklärung beschäftigt der Verlust der Natur das Gewissen der Bürger. Eine Naturvorstellung, die Gefahren verdrängt zugunsten der Idylle, der Sehnsucht nach dem verlorenen Paradies, verharmlost die Beziehung zwischen dem Menschen und den Elementen.

Die schnell wachsende Verstädterung am Ende unseres Jahrhunderts hat unser Gewissen zwar wachgerüttelt, aber auch wir Bergsteiger haben bisher dem Umweltschutz keine pragmatische Wendung gegeben. Zwei entgegengesetzte Lösungen bieten sich an: Wir bleiben zu Hause und führen »Natur« in die Stadt ein – in Form von Kletterhallen zum Beispiel –, oder wir gehen hinaus und verschließen uns aller weiteren Erschließung. Die Güter und Werte, um die es am Berg geht, sind nicht für alle zu haben – es kann sie nur für wenige geben, oder es gibt sie überhaupt nicht mehr.

Mein »Zurück in die Berge«, das den Aufstieg aus den Betonschluchten der Städte in die Berge für möglichst viele zum Inhalt hatte, muß neu gesehen werden, hat die Stadtkultur inzwischen doch das Hochgebirge erreicht. Nach unserem Kalender sind seit dem erstmaligen Erscheinen dieses Buches über dreißig Jahre vergangen, drei Jahrzehnte, die für mich ausgefüllt waren mit Unterwegssein, neuen

Die Kletterhalle, die Holzwand, der Plastikgriff sind die Konsequenz einer Entwicklung, während derer sich Klettern immer weiter vom ursprünglichen Zweck entfernte und zur eigenständigen sportlichen Leistung wurde, bei der die Natur, das Wetter, der Anmarschweg nur noch stören. Früher bestieg der Mensch den Berg, heute holt er ihn ins Tal. Auch andere natürliche Bewegungsformen wie Schwimmen, Reiten, Turnen oder Radfahren wurden im Lauf der Zeit zum Leistungssport und landeten unter Dach.
Emil Zopfi

Erfahrungen, neuen Büchern. Eine Ewigkeit oder auch nur ein Tag ist diese Zeitspanne in meinem Empfinden. Ob ich mich verändert habe? Ja, ich hoffe es, aber meine Wut, meine Verzweiflung, die Abscheu vor Institutionen und Parteien, vor einem System, das uns zwar aus materieller Not herausgeführt hat, das aber alle Menschlichkeit vertreibt – all das hat mich trotzdem eingeholt. Wohin also morgen, wenn das Alpenbergsteigen als Möglichkeit zur Selbstäußerung außerhalb des steinernen Dschungels der Städte, wo wachsende Bürokratie, lähmende Versicherung und bürgerliche Intoleranz mehr und mehr zu einem Knast werden, zur Fremdenverkehrsattraktion einer alpinen Stadtkultur verkommt?

Die Probleme der Hochgebirgsregionen in den Alpen lösen wir nicht mit umweltgerechter Selbstgerechtigkeit, mit Verzichtspredigten oder einer gleichmäßigen Erschließung aller Alpentäler. So wichtig der flächendeckende Tourismus für die Berglandwirtschaft ist, für die Naturlandschaft bedeutet er das Ende. Wenn in jede Klamm ein Weg, auf jeden Hügel eine Bahn führt und auf jedem Gipfel Outdoor-Telefonisten sitzen, die nach ihren Action-Erlebnissen der Welt ihren Sinnersatz verkünden, bleibe ich lieber unten. Unsere kognitiven Fähigkeiten nämlich wachsen mit der Reduktion auf das – und nur das –, was wir hören, sehen, fühlen wollen.

Das alpine Sportklettern macht zur Zeit eine ähnliche Entwicklung durch wie ein Mensch mit Familie: weniger Risiko, mehr Verantwortung und Sicherheit.
Bernd Kullmann

Wenn für uns alle aber nur mehr ein bißchen Raum, ein wenig Ruhe, begrenzte Zeit übrig sind, hat keiner etwas vom Hochgebirge. Verschwenderisch mit diesen Werten umzugehen – zumal bei sinkender Arbeitszeit und weiter wachsender Freizeit der Massen – hieße sie vernichten. Minimalismus in der Erschließung ist also die Antwort. Eine zweite Hochgebirgsnatur haben wir nicht. Ich weiß, dieser Vorschlag klingt elitär, wer aber bereit ist, seine Philosophie als »Disziplin verkörperten Lebens« auszuüben, wird mir folgen – soweit er es bei so viel Eigenverantwortung, Einsamkeit, Gefahr kann und darf. Den Weg, den wir Bergsteiger gesucht, markiert, gewählt haben – auch wenn wir ihn immer wieder gegangen sind –, diesen Weg gibt es gar nicht. Alle Wege entstehen erst im Gehen.

Trend, Tat und Tod

Geklettert wird heute besser denn je, und zwar weltweit. Im Fels, wo Bergsteigen vor allem Sport geworden ist, wurde die Auseinandersetzung mit der Gefahr allerdings mehr und mehr verdrängt von der Steigerung der Schwierigkeiten. Diese ging beim Sportklettern einher mit einer immer weiter perfektionierten Sicherungskette. Die Absturzgefahr ist dabei in fast allen Sportklettergebieten durch gebohrte und zementierte Haken minimiert worden. Damit ist das Sportklettern reduziert auf das Klettern selbst, auf den präzisen Bewegungsablauf an Löchern und anderen Unebenheiten steiler Felswände. Diese Felsen werden zu naturgegebenen Kletterstrukturen in einer mehr oder minder menschenabweisenden Umgebung.

Das Bergsteigen ist eine Tätigkeit, bei der man sein Leben aufs Spiel setzt, vor allem aus Freude und um aus gefährlichen und manchmal verzweifelten Situationen herauszukommen, die man freiwillig gewählt hat.
John Bachar

Nein, ich will das individuelle Erlebnis des Kletterers heute, sein Spüren von Tiefe, Ausgesetztsein, Geschicklichkeit und Kraft nicht abtun als Artefakt eines Gerüstturners. Allein die spektakulären Kletteraufnahmen von Galen Rowell, Peter Mathis, Uli Wiesmeier, Heinz Zak und vielen anderen reichen aus, jenes Gefühl zwischen Lust und Schauder aufkommen zu lassen, das zum Klettern gehört. Das Klettern in großen Wänden wird immer die Königsdisziplin des Bergsteigens bleiben. Aber nur wenn wir uns nicht blenden lassen vom reinen Plaisir-Gedanken und die ganzheitliche Selbsteinschätzung des kletternden Menschen in einer ungezähmten Natur, die allein dem Verhältnis Mensch–Berg gerecht wird, wieder in den Vordergrund stellen, bleibt unser Tun ökologisch verantwortbar.

Wir alle wissen, daß die Grenze vom Machbaren zum Nicht-mehr-Machbaren unscharf ist, und deshalb sind Stürze im Gebirge zuallererst zu vermeiden. Auch können lose Steine nicht einfach festgeklebt werden. Das Wetter wird von Fachleuten zwar kontinentweit ziemlich genau vorhergesagt, trotzdem kommen Gewitter im Gebirge oft unerwartet. Wenn eine »Fit-for-fun-Outdoor-Konsum-Clique« mit ihren »Klebebohrhaken – elefantenstark, rostfrei, unzerstörbar« ihren Körperkult in die Alpen trägt, ist das so lächerlich wie die Hütteneuphorie zu Stüdls Zeiten oder wie der zum Schicksalsberg hochstilisierte Nanga Parbat in den dreißiger Jahren. Wie der Bergtod damals war die Direttissima in den fünfziger und sechziger Jahren gesellschaftsfähig – und trotzdem eine Sackgasse.

Das Klettern – als erzieherischer Wert, als zusätzliches Identifikationsangebot in einem langweiligen Berufsleben, als Bewegungsventil einer vorwiegend sitzenden und fahrenden Gesellschaft – war und bleibt viel mehr als Sport. Das gewonnene Selbstwertgefühl baut dabei auf Spannung, Angstbewältigung, Eigenverantwortung, selbstbestimmtes Handeln, das Meistern konkreter, schwieriger und gefährlicher Situationen. Unbekanntes, Gefährliches verwandeln sich unter Griff und Tritt in Bekanntes, Vertrautes, und für ein paar Augenblicke haben wir einen Platz in dieser Welt.

Erfreulich ist, daß das alpine Felsklettern und der klassische Alpinismus zur Zeit eine Rezession erleben – nicht in der Qualität, nur in der Zahl der Akteure. Vielleicht kann ihr Potential so erhalten werden.

Dieses Für und Wider, dieses Hin und Her von Anbetung und Verachtung hervorragend abgesicherter alpiner Routen gibt es seit hundert Jahren. Immer wenn der Überdruß am Überfluß einsetzte, begann eine neue, kreative Periode.

Zur Zeit bestimmen Show-Alpinisten und Rekordhalter die Szene, Kleiderordnung, Verhaltensnorm und Sprachcode verraten, mit welchem Lebensstil sich die einzelnen Sekten in der großen Bergsteigersippe identifizieren. Als wären Körperwahn und Rekordstreben auch am Berg Lebensinhalt, wird allerorts aufgerüstet: im senkrechten Fels und am Everest-Gipfelgrat, im Reisebüro und im Tourismusverein. Spaß will der Konsument haben, ohne Verantwortung zu übernehmen. Jeder geht dorthin, wo alle anderen schon sind: Cho Oyu, Schweiz-Plaisir, Gasherbrum I und Gasherbrum II im Billigpaket.

Das ist das Ekelhafte an den Bohrern: Sie erkennen sehr wohl das Faszinierende an der Leistung der Erstbegeher und merzen sie dann mit Stumpf und Stiel im selben Zuge aus, ohne den geringsten Respekt vor der historischen Dimension der Route. Wann stecken die ersten Bohrhaken in der Cassin-Route am Piz Badile, in der Fleischbank-Südostverschneidung, in der Totenkirchl-Westwand, in der Steger, der Comici? Die nächste Generation wird sich mit solarbetriebenen Akku-Maschinen nach Patagonien, Gharwal, Baffin Island, Baltoro oder Grönland begeben und die entferntesten Naturparadiese der Erde einbohren.
Ken Wilson

Die Erschließermentalität der großen Alpenpioniere wie Johann Stüdl oder Franz Senn scheint immer noch den Alpinismus zu bestimmen. »Erstbegeher sollen gefälligst auf Wiederholer Rücksicht nehmen«, fordern junge Sportkletterer heute, und wenn sie scheitern, wird losgeschimpft: »Ein Stück schöner Fels ist durch eine Route verhunzt, die keiner wiederholen wird, weil sie zu kühn ist.«

»Alpin« ist zu einem Schimpfwort geworden. Es bedeutet brüchig, ekelhaft zu klettern, schlecht gesichert. Das Gegenteil davon ist Plaisir-, also Lustklettern: fester Fels, homogene Schwierigkeit, gute Sicherung. Die Masse der Kletterer will mit Bohrhaken bestens abgesicherten Routen folgen und hätte nichts dagegen, wenn die Hochgebirge der Erde flächendeckend eingebohrt wären. Sie wollen klettern, nicht denken oder abwägen; an jedem Punkt abseilen können, wenn sie »die Wände hochgehen müssen«.

Nun ist nichts dagegen einzuwenden, wenn heutige Neutouren mit Bohrhaken abgesichert werden, soweit die Behörden es erlauben. Daß aber klassische Wege »nachgerüstet« werden, halte ich für ein Sakrileg. Was kümmert es Emil Solleder, daß eine ganze Sportklettergeneration seine Routen meidet, weil sie sie für Schrott hält? Auch wenn heute Linienführung, Länge, Anspruch einer zu kletternden Tour weniger als Auswahlkriterien zählen als die Qualität der Absicherungen, Solleders Wege bleiben Marksteine der Klettergeschichte. Und als solche sind sie wie Kunstwerke: in ihrem Urzustand zu belassen für alle späteren Betrachter. Wer an ihnen herumbohrt, ist ein Kunstschänder. Da geht es nicht um überholte Ideale; kein Sport hat das Recht, die Alpen zu verwüsten und die Spuren der Geschichte dabei zu verwischen, nur weil er zur Massenbewegung geworden ist. Ein Picasso ist ein Picasso, und die Südkante des Torte Trieste in der Civetta ist eine Cassin. Aus einer Cassin eine beliebige Route zu machen, ist mit Bohrmaschinen und Varianten zwar einfach, aber falsch.

Als Erstbegeher habe ich zwar kein Bestimmungsrecht für die Zukunft meiner Wege erworben, es wäre mir aber lieber, sie wären geblieben, wie sie waren, und dafür nicht überlaufen. Natürlich gibt es kein Copyright auf Erstbegehungen, aber als Zeitdokumente hätten diese ein Recht auf Bestand. Nein, man braucht mich nicht zu fragen, ob und wie »meine« Kletterwege »saniert« werden sollen, mir geht es auch nicht um die Akzeptanz in der Szene, sondern viel mehr um Gesamtkunstwerke als um den Komfort einiger Dilettanten, die für die eigene Eitelkeit aus Kunstwegen Lustrouten basteln.

Der Eigentümer des Berges, das ist der Staat oder das Land, hat ein Recht darauf, daß sein Besitz im jeweiligen Status quo erhalten bleibt. Genaugenommen ist also schon das Setzen von Haken strafbar. Wird eine Felswand durch Schlagen oder Entfernen von Haken verändert, kann der Eigentümer Strafantrag wegen Sachbeschädigung stellen. Wenn ein ›öffentliches Interesse‹ vorliegt, beispielsweise beim heimtückischen Ansägen von Haken, kann auch der Staatsanwalt Anklage erheben. Das wird natürlich eher beim Entfernen als beim Setzen von Haken geschehen.
Andreas Dick

So wie Klettersteig-Erbauer der »Verkehrssicherungspflicht« genügen müssen, werden Plaisir-Dienstleister bei ihrer vertikalen Erschließung bald einem Kodex unterworfen sein, der vorschreibt, wie, wann, wo was eingerichtet wird, um das Klettern zu fördern oder zu verbieten. Je beliebter sich ein Einzelner, eine Gruppe, ein Verein macht, indem er komfortabler einrichtet – das gilt seit den Anfängen aller AV-Tätigkeit –, um so mehr trägt er bei zu einer

Mischung aus Protest, Bürokratie und Unverständnis. Wer dazu noch meint, daß Kletterrouten als »gute Produkte« den Tourismus ankurbeln, hat nur kurzzeitig recht.

Trotzdem, das Bergsteigen wird nicht sicherer werden. Zwar sieht niemand mehr im Bergtod einen »tieferen oder höheren Sinn«, je mehr Menschen aber auf Berge steigen, um so mehr werden dabei umkommen. Fremdenverkehrsindustrie, wachsende Freizeit und ein paar postmoderne Trendsetter können das Klettern so wenig retten wie ein paar tausend Umweltschützer die Alpen. Beides – Klettern und Alpen – ist vielleicht zu erhalten mit Blick zurück auf unsere Geschichte und Respekt vor der Natur, wobei vor der menschlichen zu warnen ist.

Auf den Spuren der alpinen Geschichte

Abgesehen vom sportlichen und vom visionären Erlebnis vermittelt mir jede klassische Bergtour ein unmittelbares Erleben eines Teiles der alpinen Geschichte. Ich kann nicht umhin, mich im Geiste in die Zeit der Erstbegehung der entsprechenden Route zurückzuversetzen, die damalige Einstellung der Alpinisten zum Berg zu analysieren und an ihre bescheidenen Mittel zu denken.

Aus Interesse an ihrem Tun und aus sportlicher Fairneß bemühe ich mich seit Jahren, mit den Mitteln von damals auszukommen. So nur habe ich gelernt, die Erstbegeher richtig einzuschätzen und den Verlauf der alpinen Geschichte zu begreifen. Immer wieder, wenn ich zum Beispiel unter der Schlüsselstelle am Winklerturm in der Rosengartengruppe stehe, frage ich mich, ob der 17jährige Winkler damals den Riß oder die Wandstelle rechts davon geklettert ist. Nur wenn man weiß, daß Winkler in Nagelschuhen kletterte und sich damals als Alleingeher nicht selbst sichern konnte, gewinnt die Frage an Bedeutung.

So gibt mir jeder Gipfel, jede interessante Schlüsselstelle und jede Route Einblick in die alpine Geschichte, und wenn ich meine Touren wähle, achte ich sehr wohl auch auf alpingeschichtliche Kriterien. Es fasziniert mich, auf den Spuren der alpinen Geschichte bergzusteigen, kann ich doch bei jeder Wiederholung das Abenteuer der Erstbegeher nachvollziehen.

Wenn ich weiß, eine Route ist moralisch anspruchsvoll, dann gehe ich am Abend davor ganz anders ins Bett, mit einem flauen Gefühl im Magen, aber auch mit Vorfreude. Ich steige nur in die Tour ein, wenn ich mich fit dafür fühle – und daraus erwächst dann das Abenteuer und die Befriedigung.
Thomas Huber

Angst

Jeder kriegt Angst, wenn er nicht mehr sicher ist, auch ich; Angst ist etwas ganz Natürliches, etwas Notwendiges. Gäbe es sie nicht, so wären wohl nur mehr wenige Bergsteiger am Leben. Die Angst macht uns klar, wie weit wir gehen dürfen, sie ist die beste Lebensversicherung bei einer Bergtour. Nur durch Sicherheit kann sie ausgeschaltet werden.

Neben die Sicherheit, die jedem Kletterer erstes Gebot sein sollte, stelle ich die Schönheit der Bewegungen, die – um perfekt zu sein – eine hundertprozentige innere Sicherheit voraussetzt. Die Eleganz liegt nun nicht in der Schnelligkeit der Bewegungen, auch nicht in einer speziellen Haltung, Ausrüstung oder Bekleidung, sondern in der Fähigkeit, alles so sorgsam zu überlegen und zu prüfen, daß eine im Fluß der Besteigung ausgeführte Bewegung oder Handlung nicht erst als ein Probieren erscheint.

Ich halte es für die sportlich richtige Einstellung, nur dort hochzuklettern, wo ich mich ohne Bohrhaken, idealerweise sogar nur mit Klemmkeilen gesichert, hinauftraue. Wer sich das nicht traut, soll verzichten und mehr trainieren, bis er es kann. Man muß nicht alles machen, Verzicht auf Konsum ist ein Fortschritt.
Georg Kronthaler

Einen Bergsteiger nun, der die Jahn-Route am Dritten Sellaturm nach diesen Kriterien klettert, achte ich mehr als einen, der bei jeder dritten Tour im achten Grad stürzt. Ich weiß, daß es nicht leicht ist, sein Tun am Berg an den Kriterien der Eleganz zu orientieren, nachdem es durch Jahrzehnte hindurch vielfach von Leistung und Schwierigkeitsgraden bestimmt war. Und ich weiß, daß es noch schwieriger ist, diese Eleganz zu gewinnen. Nur in vielen Jahren der Erfahrung und Schulung kann sie gefunden werden, wobei die Schwierigkeitsbewertung nur dazu dienen sollte, die jeweils passende Tour zu wählen.

Aufpassen

Aufpassen, aufpassen und nochmals aufpassen, auf jeden Tritt, auf den Himmel, der sich zuzieht, auf den Freund, auf den Rucksack und vor allem auf sich selbst. Dem Bergsteiger wird ein zusätzlicher Sinn zurückgegeben, ein Sinn, der im Unterbewußtsein immer dabeisein muß. Ich sage zurückgegeben, weil ich davon ausgehe, daß ursprünglich alle Menschen diesen Sinn hatten.

Aufpassen, zu jeder Stunde, auf alles rundherum, auf den Weiterweg. Aufpassen, wenn man einen

Griff anfaßt, wenn man einen Tritt belastet. Aufpassen, wo man den Rastplatz wählt, aufpassen, während man fotografiert, aufpassen, wenn man kocht. Nach oben, nach unten.

Niemand klettert lange, ohne aufzupassen, und niemand paßt lange auf ohne Gefahren. Die Berge sind voller Gefahren, die wir rechtzeitig erkennen und denen wir ausweichen wollen. Deshalb der zusätzliche Sinn.

Also nicht nur Gehen, Klettern, Schauen ist wichtig beim Bergsteigen, sondern auch – wer hätte das nicht schon gewußt! – Aufpassen. Dieses Abwägen, dieses Achtgeben, von dem das Leben des Bergsteigers abhängt, muß zum eigenen Sinn werden: Umsicht, Vorsicht, Voraussicht.

Alle Wiederholer müßten die Geheimnisse des Weges neu lüften, statt flott und oberflächlich zwischen Mittagessen und Kaffeepause eine athletische Leibesübung zu absolvieren. So aber ist das Gebirge kaum besser als jede Outdoor-Kletterwand mit künstlichen Griffen, ein Konsumgegenstand für eine gedankenlose Konsumgesellschaft, die den Bezug zu Abenteuer und Aura dieser faszinierenden Leidenschaft in freier Natur verloren hat.
Ken Wilson

Aufpassen – einfach aufpassen, ohne Angst zu haben – heißt die Aufmerksamkeit und unser Tun auf die Umstände richten, in denen wir eine Gefahr vermuten. Unsere Aufmerksamkeit auf die Dinge lenken, die unser Dasein bedrohen, und alle übrigen außer acht lassen. Wir tun das nicht bewußt. Es stellt sich von allein ein.

Wir dürfen die Gefahr nicht suchen, sondern müssen sie instinktiv erfassen, fühlen. Wir wissen von vornherein nicht, von woher die Gefahren kommen. Der Bergsteiger weiß, daß er nicht weiß, was ihn erwartet, und das ist einer der größten Reize bei seiner Betätigung. Will er diesem Reiz aber nicht zum Opfer fallen, muß er eine besondere Aufmerksamkeit als zusätzlichen Sinn haben; eine Aufmerksamkeit, die nicht darin besteht, daß er in allem und überall eine Gefahr sieht, sondern darin, daß er nichts vermutet und nur die Unaufmerksamkeit vermeidet. Es ist dies eine allumfassende Aufmerksamkeit, die nicht auf die eine Stelle gerichtet ist, sondern versucht, immer und überall zu sein.

Vom Gesichtspunkt der Umwelt und der ›permanenten Änderung‹ unterscheidet sich eine gänzlich mit Spits eingerichtete Route absolut nicht von einem Klettersteig.
Alessandro Gogna

Der Bergsteiger muß wach sein, auch wenn er schläft. Dieses vollkommene Wachsein ist ein Zustand, in dem auch verfolgtes Wild lebt und der diesem und dem Bergsteiger eine besondere Ausstrahlung gibt. Der Bergsteiger, für den nichts Gefahr ist und alles Gefahr werden kann, sieht alles in seiner Funktion als Erleichterung oder Deckung. Darin liegt nun der Unterschied zum Wettkampfsportler, daß der Marathonläufer zum Beispiel geradeaus sein Ziel verfolgt und nur danach schaut, was ihn dorthin bringt, während der Bergsteiger sich wachhalten muß, aufpassen muß, daß er nicht abstürzt, nicht in eine Spalte fällt, nicht von den Steinen erschlagen wird, während er seinem Ziel entgegensteigt.

Genug ist nie genug

Klettern als eine Disziplin der Alpinistik zerfällt heute in Indoor-Klettern, Sportklettern, Freiklettern, alpines Klettern und Eisklettern. Kein Zweig des Bergsteigens hat sich so revolutionär verändert wie gerade das extreme Klettern. Kein Wunder also, daß es um diesen Sport zu Diskussionen, Polemiken, Verboten, ja sogar zu Prozessen gekommen ist.

Hat sich etwa eine kleine Gruppe von kreativen Grenzgängern bis in eine ausweglose Position verstiegen? Nein. Obwohl das Credo der Sekte der Kletterer die grenzenlose Weiterentwicklung bleibt, ist es der begrenzte Raum für eine noch dazu wachsende Zahl von Nachsteigern, der der Illusion von Grenzenlosigkeit nicht entspricht. Und überall dort, wo das Gleichgewicht gestört ist, werden Klettergebiete gesperrt, Haken abgesägt, Protestmärsche veranstaltet.

Die vielbeschworene Urwüchsigkeit und der blinde Heroismus – welcher verschworenen Gemeinschaft auch immer – können den Fels-, Wald- und Eiszapfensportlern nicht zu ihrem Recht verhelfen, solange sie mit Akku-Bohrer, Schnellkleber und Topo-Führer ganze Felsregionen zu vertikal und horizontal »erschlossenen« Freizeitparks verwandeln. Es ist die »Überdosis«, die zum Ende des menschlichen Tuns am Ökosystem Fels führt. Wenn keine Tabuzonen respektiert werden, kommt früher oder später das Aus für den Klettersport.

Das Angebot an bekletterbaren Felsen ist nicht nur in Deutschland viel zu klein – selbst die Alpen werden nicht ausreichen, wenn sich die Akteure selbst nicht in ihren Mitteln beschränken. Die Erschließungswut, der Absicherungswahn sind es, die aus einem Häufchen Spaziergänger an der Senkrechten ein Heer von Fun-Sportlern gemacht haben, die toprope kaputtmachen, was am natürlichen Fels von Wert wäre, um dann in Scharen zu genießen, was nicht mehr vorhanden ist: Ruhe, Ausgesetztsein, Ungewißheit zwischen Einstieg und Heimweg.

Das Recht auf Freiheit, zu dem auch die Bewegungsfreiheit und damit das Recht auf Betreten der freien Landschaft zählen, ist im Grundgesetz festgeschrieben. Zur Erinnerung: Die Freizügigkeit darf zwar gemäß Artikel 11 Grundgesetz aufgrund eines anderen Gesetzes eingeschränkt werden, aber nur, wenn aus der menschlichen Bewegung der Allgemeinheit besondere Lasten entstehen würden. Eine solche Last könnte auch die Schädigung der Natur durch das Ausleben unserer Freiheit in den Bergen und Felsen sein.
Nicholas Mailänder

Warum mußte die Lacedelli-Route an der Scotoni-Wand »eingebohrt« werden? Was bringt die Sanierung klassischer Routen außer einer größeren Zahl unerfahrener und oberflächlicher Wiederholer, die umkommen, sobald Eiseskälte, Steinschlag oder die Nacht »im falschen Moment« über den Berg huschen. In den Alpen verunglücken jährlich mehr als 10 000 Bergwanderer, Kletterer, Skifahrer, mehrere hundert davon tödlich. Es wären weniger, viel weniger, wenn die Alpen weniger erschlossen wären. Das Argument der Absicherung sticht also nicht. Auch das Notrufgerät, das die Alarmierungszeit von früher zweieinhalb Stunden auf fünf Minuten senkt, wird tragische Bergunfälle vermindern helfen und gleichzeitig steigern.

Der Alpenraum ist – mit Ausnahme der vegetationsfreien Fels- und Gletscherregionen – seit Jahrhunderten keine Naturlandschaft mehr, sondern eine Kulturlandschaft, deren ökologische Stabilität und Vielfalt einer kleinräumig angepaßten Bewirtschaftung bedarf, soll sie erhalten werden.
Werner Bätzing

Mit all diesen Sicherungsketten – Hütten, Bohrhaken, Funkgeräten – werden wir am Ende nicht nur unser Tun am Fels kaputtmachen, sondern auch die Felsen selbst. Den schlechtesten Umweltverträglichkeitswert haben heute schon Toprope-Klettergebiete, gefolgt von eingebohrten Sportkletterwänden mit Parkplatz. Nicht »to bolt or not to bolt« ist die Frage, sondern wo und wann wir aufhören mit einem Unfug, der weder dem Alpinismus dient noch der Berglandwirtschaft. Daß die Tourismusindustrie kurzfristig leidet, weil da mehr Routen eingebohrt sind als dort, führt – wie beim alpinen Skilauf – am Ende zum Stahlseilsalat.

Geht in den USA die Politik in Richtung Verbot aller Bohrhaken und festen Anker am Fels, wird in den Alpen ein Alpinist wegen »gemeinschädlicher Sachbeschädigung« verurteilt, nur weil er ein paar mehr oder weniger überflüssige Sicherheitshaken in einer klassischen Kletterführe entfernt hat. Während da eine Wilderness-Vorstellung auf jegliche bleibende Menschenspur verzichten will – also keine Hütten, Markierungen, Brücken, Radioumsetzer –, wird andernorts weiter auf Erschließung gesetzt: nichtrostende Bohrhaken, über Satellit vernetzte Funktürme, Biwak- und Hüttennetz alpenweit. Gerade weil wir in Europa so viele auf engem Raum sind, wäre ein amerikanischer Wilderness-Zugang vernünftiger. Es scheint aber, daß nach bald 150jähriger Erschließung nicht genug ist.

Ich respektiere die Tradition der Alpenvereine, erwarte aber, daß die Umkehrung des einstigen Trends – Bewahrung der Alpen mit ihren ursprünglichen Werten statt Erschließung der Alpen für alle – ernstlich verfolgt wird. Die Aufgabe der Alpenvereine heute ist vor allem eine politische, da es auch um Interessenvertretung geht. Es wird viel Aufklärungsarbeit kosten, das Tun aller Alpinisten in Bahnen zu lenken, die das Klettern weiterhin ermöglichen. Klettern in der Natur war immer ein Luxus, und nur wenn es nicht allen möglich gemacht wird, können jene Luxusgüter verteidigt werden, die ohne Gefahr und Mühe nie zu haben waren und zu haben sein werden.

Alpinismus und Tourismusindustrie verfolgen gegenläufige Interessen. Wo das der zweiteren aufhört, beginnt das des ersteren. Wenn wir alle Urlandschaft den touristischen Interessen opfern, bleibt für uns Alpinisten kein Raum, und wenn wir den Tourismus nicht in

Profillosigkeit der Ferienzentren: Jede Gemeinde bietet alles an, offeriert den Besuchern einen zusammengewürfelten Bauchladen an Aktivitäten und ist somit vollkommen austauschbar geworden – Beliebigkeit und nicht das Argument, wegen der einen Stärke oder des einen Charakteristikums in einen bestimmten Ort fahren zu müssen, ist der stärkste Eindruck, der bei potentiellen Besuchern hervorgerufen wird. Oberstes Prinzip im Kampf um Touristen ist dabei die Nachahmung bis zur Selbstverleugnung.

Jakob Strobel y Serra

die Berglandwirtschaft integrieren, geht die Kulturlandschaft kaputt.

Zwischen Niederung und Höhe

»Um uns Natur – wir mittendrin« ist das Motto der Alpenvereinsjugend in Südtirol, die mit ihrem Aktionismus am »Fun-Park Alpen« mitbaut, ohne sich dessen bewußt zu sein. Nachdem dieser Alpenverein Berghotels auf den Kronplatz und mitten in das Skigebiet »Meran 2000« gebaut hat, beklagt er zwar den Verlust aller Naturlandschaft in Südtirol und glaubt, mit populistischen Sprüchen die Talsohlen verteidigen zu müssen, brauchbare Vorschläge zu einem naturverträglichen Alpentourismus hat er aber nicht.

Es geht um das menschliche *und* das ökologische Maß. Die Nutzung der Alpenwelt durch eine Millionenschar von Konsumenten muß dort aufhören, wo der Mensch auf Dauer nie gelebt hat und nicht leben kann, in den Hochgebirgsregionen, wo kein Getreide wächst, keine Rohstoffe zu holen sind. Die Güter dort – Raum, Ruhe, »Urnatur« – sind nur etwas wert, wenn sie wenigen zugänglich bleiben, denen, die sich den Mühen und Gefahren aussetzen, hinaufzusteigen, wohin der Mensch nicht gehört. Wie die Alpenlandschaft Stück für Stück verbaut, verbraucht, ausverkauft und kaputt zurückgelassen wird, kann allerorts besichtigt werden, wo Landschaft lediglich als Ressource für den Tourismus verstanden wird. Finanz-Holdings mit ihrem Konsumentenheer im Schlepptau werden zu Landschaftsfres-

Südtirol reicht ja von Salurn bis zum Brenner oder, wenn man will, bis zum Ortler. Und für dieses ganze Gebiet fühlen wir uns zuständig, um die Kulturlandschaft – Naturlandschaft gibt es bei uns ja keine mehr – zu erhalten.
Edmund Gasteiger, Umweltreferent im Alpenverein Südtirol

sern, wenn es nicht umgehend zu alpenweiten Bauverboten im Hochgebirge kommt.

Noch haben nur kleine Teile der Hochalpen Vergnügungsparkcharakter, als Summe sind sie der größte Rummelplatz der Welt: mit überfüllten Parkplätzen, kilometerlangen Staus, Lärm, Hektik und Aktionismus zwischen Himmel, Kletterwand und Schluchtgrund. Luftverschmutzung und Lärmbelästigung sind dort oft höher als in den Ballungszentren, aus denen all die Erholungsuchenden in die Alpen drängen. Dieser Alptraum, der sich da und dort wie eine Krebsgeschwulst im ehemaligen Hindernis Alpen ausbreitet, darf keine weiteren Metastasen bilden, sonst kommt es zum Kollaps.

Es wird nicht die Öko-Elite sein, die die Alpen rettet, sondern der Konsumverweigerer aus Sparsamkeit, der sich mit einem Lager auf der Hütte, mit Brot und Käse beim Bergbauern begnügt und sonst auf seinen zwei Beinen unterwegs ist. Die Öko-Schickeria – mit den Fahrrädern auf dem Dachgepäckträger in die Alpen, mit der Seilbahn zum Gipfel, mit dem Heli untertags zum Skifahren und abends ins Casino – löst keine Probleme, sie schafft welche. Der diffizile Spreizschritt von einer Berglandwirtschaft, die dem Niedergang zutreibt, zur Urlandschaft, die immer mehr überrannt wird, bleibt unserer Generation und unserer Verantwortung überlassen.

Wir brauchen keine Gletscherskigebiete, keine künstlichen Seen, keinen künstlichen Schnee, keine künstlichen Felswände, um die Bergbauern oben zu halten. All das gehört in die Nähe der Stadt, solange wir es uns leisten können und die Energieressourcen reichen. Im Gebirge, zwischen Talsohle und Hochalm, braucht es den »sanften Touristen«, der bekommt und bezahlt, was der Landwirt produziert, auf daß dieser bleiben kann, wo er seit Generationen war.

Der Zusammenbruch der Berglandwirtschaft wäre für den Umweltschutz ein zentrales Problem und teuer für uns alle. Ökobauern, die sich in Marktnischen behaupten, Dorfgemeinschaften, die das Obenbleiben gemeinsam versuchen mit der Verzahnung von Tourismus und Landwirtschaft, sind die wahren »Helden« der Berge. Die vielen Knödel- und Polentafeste, bei denen es um nichts anderers geht als um den Eintrag ins Guinness-Buch der Rekorde, sind so lächerlich wie viermal am Tag aufs Matterhorn oder 15 000 Höhenmeter am Hundskogel in 15 Stunden.

Im Vergleich mit etablierten und breit akzeptierten Sportarten wie zum Beispiel Skifahren schneidet das Klettern bezüglich Umweltschäden sehr gut ab. Die Frage ist nur, ob das so bleibt, wenn die Entwicklung zum Massensport weiter anhält. Der Trend zu immer besser abgesicherten Routen, der auch von kommerziellen Anbietern gefördert wird, führt zu Klettergartenkomfort im Hochgebirge und damit zu einem weiteren Absinken der Hemmschwelle für weniger erfahrene Kletterer, was ohne Zweifel die Zahl der diese Tätigkeit ausübenden Personen erhöht.
Nikolaus Schranz

Wo sind die von jungen Kletterern wiederbelebten Berghöfe im Trentino, in den südlichen Dolomiten, in den ligurischen und französischen Alpen, wo gearbeitet, gestaltet, geklettert werden könnte – alles vor der Haustür, fast das ganze Jahr über, und ganz nebenbei zur Rettung der Alpen? Ich habe nichts gegen die künstliche Kletterwand, die 365 Tage im Jahr offensteht – temperaturgeregelt, trocken, geputzt –, die Probleme der Alpen aber löst sie nicht.

Verlangsamung, Intensität, Gegenwart hier und jetzt wären eine Option für ein Zeit-Weg-Diagramm »Zurück in die Berge«. Nicht Aktionismus, Beschleunigung, Streß.

Aber wer verbringt heute schon drei Wochen Urlaub in einem abgelegenen Gebirgstal? Alle fliehen, was von Dauer ist, alle umgehen, was Mühe kostet. Viele hetzen nur von Kick zu Kick. Wer kann die eigentlichen Probleme überhaupt sehen?

Was ich tue

Als Südtiroler stecke ich mitten in der Problematik. Auch weil die alpine Berglandwirtschaft in einer ökonomischen und ökologischen Krise steckt, betreibe ich zwei Bergbauernhöfe, in Juval und in Sulden. Dies ist ein punktueller Versuch zur Gesundung der Landwirtschaft im Alpenraum. Die Frage ist dabei, ob sich Ökolandbau rechnet und wie er mit dem Tourismus verzahnbar ist.

Zuallererst bin ich Bergbauer, dann erst Bergsteiger. Ich verantworte also zwei Landwirtschaftsbetriebe von einer halben Million Höfe jener Größe, die in den Alpen von Überlebensproblemen geplagt sind. Um Kosten und Energie zu sparen, saniere ich nur alte, gewachsene Strukturen. Auch Burg Juval, als Halbruine erworben, wurde von mir saniert und als Kulturgut der Öffentlichkeit zugänglich gemacht. Übrigens ist mir als Atomkraftgegner von der Landschaftsschutzkommission das Anbringen von Windrädern und Solaranlagen zur Energiegewinnung auf Juval verboten worden.

Eine Strategie, die menschliches Wirtschaften und Umweltschutz als totalen Gegensatz auffaßt und die daher das Anliegen des Umweltschutzes durch Einschränkung oder gar Einstellung aller wirtschaftlichen Tätigkeiten durchsetzen will, muß zwangsläufig mit den Interessen der einheimischen Bevölkerung kollidieren.
Werner Bätzing

Juval ist kein austauschbares Freizeitangebot, sondern ein Versuch, einen steilen Hügel in Südtirol in umwelt- und sozialverträglicher Form umzugestalten, so daß er längerfristig auch ökonomisch überleben kann. Der Yakhof in Sulden soll eine Familie ernähren.

Ökologie ist für mich keine Zauberformel gegen ein Weltbild im Niedergang; sie hängt mit Hinterfragen, Umdenken, Umstellen zusammen. Um nachdenken zu können, gehe ich in die Berge vor meiner Haustür. Da ich im Gebirge wichtige Entscheidungen fürs Leben getroffen habe und der Großteil der Gebirgslandschaft intakt ist, gehe ich weiterhin in die Berge.

Die Reisen und Expeditionen werden bei mir weniger und länger. Überlaufene Gebiete habe ich immer gemieden, und es wird immer leichter, sie zu meiden. Bohrhaken, Sauerstoffgeräte, auch das Handy habe ich selbst nie mitgenommen. Ich werde weiter ohne diesen Ballast auskommen oder daheim bleiben.

Nie bin ich bisher im Gebirge auf Beschränkungen gestoßen. Ich gehe nur dorthin, wo es keine Verbote gibt. Nach wie vor begleite ich Freunde ins Gebirge. Bergführer bin ich nicht mehr. Auch Führer schreibe ich keine mehr. Meine beiden Klettersteigführer ließ ich nicht wieder auflegen.

Immer noch setze ich mir das subjektiv Unmögliche zum Ziel, um das gerade noch Mögliche zu erreichen. Da ich beim Bergsteigen höchstens mich selbst zum Rivalen habe, lehne ich jede Form von Wettkampf im Gebirge ab. Es bleibt dabei: Wandertage oder Volksmärsche dürfen nicht nach mir benannt werden.

Als Pragmatiker, auch in Sachen Umwelt, bemühe ich mich um reale Veränderung, nicht nur um Gespräche. Patentkonzepte habe ich

Daß Indianer die Natur von Natur aus achten, glauben viele Umweltaktivisten. Deshalb sind die amerikanischen Ureinwohner zu Werbeträgern für grüne Ideen geworden. Die ›Rainbow Warriors‹, die Regenbogenkrieger, die den Greenpeace-Schiffen den Namen geben, sollen aus indianischen Mythen stammen. Für Kinder gibt es einen Klub der ›Umweltindianer‹, und auf Autohecks prangen die ökologischen Ermahnungen weiser Häuptlinge.
Wolfgang Krischke

nicht. Jedes meiner Projekte wird zwar hinsichtlich der Umweltverträglichkeit geprüft und auf sein Umfeld abgestimmt, bleibt aber ein Versuch.

Literaturhinweise

Bätzing, Werner: Die Alpen. Entstehung und Gefährdung einer europäischen Kulturlandschaft. Beck Verlag, München 1991

Bätzing, Werner: Kleines Alpen-Lexikon: Umwelt – Wirtschaft – Kultur. Beck Verlag, München 1997

Bätzing, Werner/Paul, Messerli/Broggi, Mario F. u. a.: Die Alpen im Europa der neunziger Jahre. Ein ökologisch gefährdeter Raum im Zentrum Europas zwischen Eigenständigkeit und Abhängigkeit. Arbeitsgemeinschaft Geographica Bernensia, Bern 1991

Bätzing, Werner/Wanner, Heinz (Hg.): Nachhaltige Naturnutzung. Im Spannungsfeld zwischen komplexer Naturdynamik und gesellschaftlicher Komplexität. Arbeitsgemeinschaft Geographica Bernensia, Bern 1994

Bölsche, Jochen u.a.: Natur ohne Schutz. Rowohlt, Reinbek 1982

Bodini, Gianni: Die Alpen – Nach Gebrauch wegwerfen. Edition Löwenzahn, Innsbruck 1996

Devivere, Beate von: Das letzte Paradies. Fischer Taschenbuch Verlag, Frankfurt/Main 1984

Europäische Akademie Bozen, Fachbereich »Alpine Umwelt«: Landwirtschaft im Alpenraum – unverzichtbar oder zukunftslos? Eine alpenweite Bilanz der aktuellen Probleme und der möglichen Lösungen. Blackwell, Berlin 1996

Fritsche, Uwe u.a.: Rettung für den Wald. Fischer Taschenbuch Verlag, Frankfurt/Main 1984

Glück, Alois/Bätzing, Werner u.a.: Schützt die Alpen! Verlag Bonn aktuell, Bonn 1991

Luger, Kurt/Inmann, Karin (Hg.): Verreiste Berge. Kultur und Tourismus im Hochgebirge. StudienVerlag, Innsbruck 1995

Marchner, Günther: Bis an die Wurzeln. Pro Vita Alpina. StudienVerlag, Innsbruck 1993

Meister, Georg: Schutzwälder der Alpen. Verein zum Schutz der Bergwelt, 1992

Naturfreunde International (Hg.): Grünbuch Alpen: Die Alpen – Prüfstein Europas. Wien 1996

Speer, F.: Der Bergwald stirbt. Deutscher Alpenverein, München 1985

Stecher, Reinhold u.a.: Lebensraum Alpen. Österreichischer Alpenverein, Innsbruck 1981

Gary Paulsen

Iditarod

Das härteste Hundeschlittenrennen der Welt. Aus dem Amerikanischen von Brigitte Jakobeit. 255 Seiten mit zehn Farbfotos. SP 2910

»Der helle Wahnsinn!« – das bekommt Greenhorn Gary Paulsen zu hören, als er beschließt, am Iditarod teilzunehmen, dem härtesten Hundeschlittenrennen der Welt. Die Strecke führt quer durch Alaska, von Anchorage nach Nome: zweitausend Kilometer durch Eis und Schnee, über menschenleere Ebenen und durch dichte Wälder. Siebzehn Tage jagt Gary Paulsen mit seinen fünfzehn Hunden durch die oft mondähnliche Landschaft, übersteht blutige Auseinandersetzungen im Hundegespann, Schneeblindheit, lebensgefährliche Zusammenstöße mit Elchen, Schlaflosigkeit und Halluzinationen – und erreicht schließlich das Ziel. Die wunderbar lakonische Sprache Gary Paulsens, sein Humor, seine grandiosen Naturschilderungen und die bewegende Beschreibung seiner Liebe zu den Hunden machen das Buch zu einem einzigartigen Leseerlebnis.

Reinhold Messner

Die Freiheit, aufzubrechen, wohin ich will

Ein Bergsteigerleben. 396 Seiten mit farbigen und Schwarzweiß-Abbildungen. SP 3336

Vom Südtiroler Dorfbuben zum berühmtesten Bergsteiger aller Zeiten: der Bericht eines ungewöhnlichen Lebens, der nicht nur von der Erstersteigung des Mount Everest ohne künstlichen Sauerstoff erzählt, sondern auch von den Niederlagen, Krisen und Selbstzweifeln handelt.

13 Spiegel meiner Seele

320 Seiten mit 56 Farbfotos und 14 Karten. SP 2646

Mit diesem Buch zeigt uns Reinhold Messner die andere Seite seines Wesens, jene Seite, die bisher allzu oft hinter den Sensationen seiner Abenteuer verborgen bliebt: seine selbstverordnete Einsamkeit, seine Flucht in die Arbeit und in die Tröstlichkeit von Wüstensand, Eis und Schnee. In keinem seiner Bücher hat Messner einen so tiefen Blick in sein Innerstes tun lassen wie in diesen Geschichten, die seine Seele spiegeln.

MALIK

Nicolas Vanier
Das Schneekind

Eine Familie unterwegs durch die Schneewüsten von Kanada und Alaska. Aus dem Französischen von Reiner Pfleiderer. 352 Seiten mit 24 Seiten Farbbildteil. Geb.

Schon immer war Nicolas Vanier fasziniert von den Schnee- und Eiswelten des Nordens. Er durchquerte Lappland, Sibirien und immer wieder Alaska und Kanada. Weltberühmt wurde er mit der ersten Durchquerung des amerikanischen Kontinents mit seinem Schlittenhundegespann. Aber sein größtes Abenteuer war ein anderes: Mit seiner Frau und seiner anderthalbjährigen Tochter Montaine zog er für ein Jahr in die Wildnis im hohen Norden Kanadas. Im kurzen arktischen Sommer baut sich die Familie ein Blockhaus. Ganz auf sich allein gestellt müssen sie den grimmigen Winter bestehen. Wie die Menschen in alten Zeiten ernähren sie sich von Jagen, Fischen und Sammeln; was sie brauchen, müssen sie aus der Natur gewinnen. Überleben heißt hier Einswerden mit der Natur – es ist ein Leben von wunderbarer Einfachheit, Klarheit und Poesie.

SERIE PIPER

Hans Kammerlander

Abstieg zum Erfolg

Mit 78 Farbfotos und 39 Schwarzweißfotos. 282 Seiten. SP 3052

»Zum Gipfel gehört das Tal, zum Aufwärts das Abwärts, zum Ziel die Rückkehr«, sagt der weltberühmte und erfolgreiche Extrembergsteiger Hans Kammerlander. In diesem Buch erzählt er Geschichten von lebensgefährlichen Situationen, von Glück und Zufall, aber auch vom Scheitern und Aufgeben – denn die Eroberung des Gipfels allein ist nicht das Entscheidende. Er berichtet von seinen ersten Erfahrungen im Extremklettern, von den Überschreitungen der beiden Achttausender Gasherbrum I und II zusammen mit Reinhold Messner, von der Durchkletterung der Annapurna-Nordwestwand, von Begegnungen mit dem Tod in den Bergen.

Jon Krakauer

Auf den Gipfeln der Welt

Die Eiger-Nordwand und andere Träume. Aus dem Amerikanischen von Wolfgang Rhiel. 304 Seiten. SP 3197

Jon Krakauer kennt das Hochgefühl nach dem Gipfelsturm und das Ringen mit den eigenen Kräften, den Kampf gegen die Einsamkeit und den Schmerz der Enttäuschung, wenn der Berg stärker ist als der Mensch. Berühmte Bergsteiger und Freunde Krakauers, deren fanatische Leidenschaft für die Gipfel dieser Welt nicht selten verhängnisvoll endete, stehen im Mittelpunkt dieser zwölf spannenden Reportagen: Da ist der Solokletterer John Gill, der glatte Felsbrocken in Colorado erklimmt, als wären unsichtbare Leitern daran befestigt. Oder Adrian, der als erster Rumäne den Mount McKinley, den höchsten Berg Nordamerikas, im Alleingang bezwungen hat. Krönender Abschluß dieses eindrucksvollen Bandes ist Krakauers Bericht über seine erfolgreiche Alleinbesteigung des Devils Thumb in Alaska.

Jon Krakauer

In die Wildnis

Allein nach Alaska. Aus dem Amerikanischen von Stephan Steeger. 302 Seiten. SP 3375

Eine kleine Pistole und ein Fünf-Kilo-Sack Reis – das war die einzige Ausstattung des jungen Chris McCandless, mit der er sich in die Wildnis Alaskas begab. Seine gesamten Ersparnisse von fünfundzwanzigtausend Dollar hatte er gespendet und das restliche Bargeld verbrannt – er wollte ein neues, ganz anderes Leben beginnen. Vier Monate später wurde seine Leiche in der Wildnis von Alaska von einem Elchjäger gefunden. Jon Krakauer, für seine spektakulären Reportagen bereits mehrfach preisgekrönt, hat die abenteuerliche Wanderung des Chris McCandless anhand von Tagebucheintragungen, Postkarten und Interviews rekonstruiert. War Chris ein hoffnungsloser Romantiker oder einfach nur ein Spinner? Oder wurde er von einer Sehnsucht getrieben, die nur zu typisch ist für unser zu Ende gehendes Jahrhundert?

In eisige Höhen

Das Drama am Mount Everest. Aus dem Amerikanischen von Stephan Steeger. 380 Seiten mit 33 Schwarzweißfotos. SP 2970

Im März 1996 beauftragte die amerikanische Zeitschrift »Outside« den Reporter Jon Krakauer mit einem Bericht über die Kommerzialisierung des Bergsteigens am Mount Everest. Selbst der Faszination des Berges erlegen, schließt er sich einem Team unter Führung eines erfahrenen neuseeländischen Bergsteigers an. Am 10. Mai 1996 steht er dann tatsächlich auf dem Gipfel, am Ende seiner Kräfte. Der gefährliche Abstieg folgt, zwanzig andere Bergsteiger drängen weiterhin verbissen zum höchsten Punkt. Keiner hat registriert, daß ein Schneesturm aufzieht, vor dem sich Krakauer gerade noch in sein Zelt retten kann. Es kommt zur bisher größten Katastrophe am höchsten Berg der Welt: Neun Bergsteiger aus vier Expeditionen sterben, und vor Ende des Monats werden weitere drei Bergsteiger den Tod finden.

Afrikanissimo

Ein heiter-sinnliches Lesebuch. Herausgegeben von Ilija Trojanow und Peter Ripken. 216 Seiten. SP 1654

Was macht ein fabulierender Friseur in Afrika? Führt der Tanz mit Schenkelglocken tatsächlich direkt zur Heirat? Überraschend und sinnlich, witzig und geheimnisvoll, unergründlich und voller Magie so präsentiert sich diese ungewöhnliche Anthologie, die zeitgenössische Autoren aus Schwarzafrika vorstellt, darunter auch den Literaturnobelpreisträger Wole Soyinka, Archaisches, Fremdartiges und Erotisches mischen sich mit Vertrautem – der literarisch nahezu unbekannte Kontinent bleibt nicht länger Terra incognita.

»Ein Leckerbissen, der Lust auf mehr macht.«
Wochenspiegel

»Eine Weltliteratur ohne afrikanische Literatur ist wie ein Orchester, dem einige Instrumente fehlen.«
Doris Lessing

Töchter Afrikas

Schwarze Frauen erzählen. Herausgegeben von Koyo Kouoh und Holger Ehling. 300 Seiten. SP 2197

Seit Alice Walker ihren Erfolgsroman »Die Farbe Lila« veröffentlichte, seit der harte Realismus Terry McMillans die literarische Szene erobert hat, spätestens aber seit Toni Morrison 1993 als erste schwarze Schriftstellerin den Literaturnobelpreis erhielt, boomt die afroamerikanische Literatur von Frauen. Dieser Band versteht sich als poetische Fundgrube: Neben der Erzählprosa berühmter Autorinnen aus Schwarzafrika, Amerika und der Karibik erscheinen hier elf Texte erstmals in deutscher Sprache. Darüber hinaus erschließt diese Anthologie die Gemeinsamkeiten, welche schwarze Autorinnen verbinden.

»Man spürt im Verlauf der Lektüre, wie der thematische Brennpunkt von Erzählung zu Erzählung fast kontinuierlich wandert. Die sich überlagernden Erzählstimmen scheinen die schwarzen Frauen in Afrika und der Diaspora für Augenblicke wieder zusammenzuführen.«
Neue Zürcher Zeitung

SERIE PIPER

Perlen Afrikas

Das neue Afrikanissimo-Lesebuch

Herausgegeben von Ruth Kumpmann und Peter Ripken. 174 Seiten. SP 2926

Afrika ist ein Kontinent voller Geschichten – da gibt es den weisen Alten, der den jungen Menschen im Dorf von den Vorfahren erzählt, den Griot, der die Herrschenden besingt und verspottet, und die kluge Frau, die witzig und selbstbewußt von starken Frauen zu erzählen weiß. Noch heute verbinden viele mit dem zweitgrößten Kontinent der Erde die Exotik von Maskentänzern und Geisterbeschwörern einerseits und Katastrophen, Armut und Gewalt andererseits. In dieser Sammlung zeitgenössischer afrikanischer Literatur zeigt sich Afrika in einem neuen Licht: Die Geschichten sind so vielfältig wie der Kontinent, dem sie entstammen – geheimnisvoll und vergnüglich, verspielt und raffiniert, spannend und gefühlvoll. Ein Buch, das den Blick für die Widersprüche und Schönheiten dieses Kontinents öffnet.

Anne Spoerry

Man nennt mich Mama Daktari

Als fliegende Ärztin in Kenia. In Zusammenarbeit mit Claude Chebel. 282 Seiten mit 8 Schwarzweiß- und 29 Farbfotos. Aus dem Französischen von Angelika Steiner. SP 2667

Fliegende Ärztin und Farmerin in Kenia – in ihrer Autobiographie erzählt Anne Spoerry von einem wahrhaft abenteuerlichen Leben. Die Tochter einer elsässischen Industriellenfamilie hatte schon ein bewegtes Leben hinter sich, als sie nach Kriegsende Tropenmedizinerin wurde und sich in Kenia als Landärztin niederließ. Dort wurde sie zur berühmten »Mama Daktari«, was auf Suaheli »Frau Doktor« heißt. Mehr als dreißig Jahre war sie fast täglich mit ihrem Flugzeug unterwegs, von den Wüsten des Nordens bis in das Hochland von Zentralkenia und zur Massai-Steppe. Sie hat Gewalt und Elend erlebt, aber auch Heiterkeit, Gelassenheit und Lebensfreude.